JN304216

二見文庫

若妻のないしょ告白集

素人投稿編集部

目次

第三章　歪んだ性の虜となって

スイミングスクールの更衣室で四人の人妻が童貞の僕に迫って……　野本準　会社員・十九歳……136

大人のオモチャ、露出、放尿……カレの要求がエスカレートして　荻野洋子　OL・二十四歳……158

銀縁メガネで地味な研究室助手の女性の意外な素顔と性癖は……　橋本浩文　大学生・二十歳……178

第四章　あくなき欲望の果てに

夫の勃起不全に悩む友人のために人妻たちが体を張って刺激して……　長崎彩香　主婦・二十八歳……196

隣のビルのオフィスを覗き、オナニーやセックスを見せつけ……　金田克典　会社員・三十四歳……218

※投稿者の氏名はすべて仮名で表記、また年齢も手記の書かれた当時の年齢を記しています。

第一章

禁じられた一線を越えて

娘の彼氏を男としてしか見られなくなり若い体にむしゃぶりついて

矢島有希子　パート・四十一歳

私は、高校二年の娘と二人暮らしをしているものです。浮気症の主人とは五年ほど前に離婚しまして、その際、慰謝料代わりに、現在住んでいるマンションを貰い、とりあえず母子二人で生活するのになんとか困らない程度にやってきております。

離婚後、私は、近所の不動産屋へパートで働きに出て、娘の奈緒美《なおみ》ももう手がかかる年ではありませんでしたから、ついつい放っておく形になってしまったんですが、ここ最近になって、そのツケが回ってきたという思いです。

中学のころはマジメだった娘が、高校進学と同時に急に派手な格好をするようになり、学校も休んだりするようになりました。私が問いただすと、「いまのコはみんなそうだよ」と、笑い飛ばされてしまいます。……かといって、私に反抗的になるというではなし、いままでと同じく甘えてきますし、服やアクセサリーなどを買うお金も、ちゃんとファーストフード店のアルバイト代でおぎなっているようです。

「ママは心配しすぎなのよ」

奈緒美は、いつも私にそう言いますが、年ごろの娘を持つ母親が心配しないわけはありません。……こういうふうに書くと、親バカと言われるでしょうが、我が子ながら、奈緒美は大変キレイな娘なんです。思わず、母親の私が嫉妬《しっと》を感じてしまうくらい……。

テレビや雑誌では、女子高校生の乱れた生活、援助交際などと言って、売春まがいのことを平気でやる子たちがとても多いように言われていますが、もしや、ウチの子も私の知らないところでは……と不安になる毎日です。

それに、最近では男友だちが頻繁に我が家へ遊びにやってくるようになりました。私が家にいる間も、彼らはやってきて、娘の部屋にこもりきりで密室での時間を過ごしています。

「女のコなんだから、男の子と二人きりになっちゃだめよ」

そう口を酸っぱくして言っているのですが、娘はどこ吹く風で、私がパートに行っている間、こっそり男友だちを招き入れているようでした。

(こんなときに、父親がいたら……)

きっと強く娘を叱ってくれるのでしょう。……私の場合、奈緒美に対し、離婚して寂しい思いをさせている負い目があるため、なかなか叱れないのです。

それに、思春期の女の子は難しい……。自分にも経験があるからなおさら言いにくいんです。もっとも、私の娘時代は両親とも厳しすぎて、男女交際どころか、電話すら許してもらえず、そして恋愛ひとつしないまま見合いで知り合った主人と結婚し、結局はうまくいかなかったんですから……。

娘がボーイフレンドと楽しそうに電話していたり、ゲームをしている姿を見ると、自分の退屈だった学生時代を思い出し、眩しいような羨《うらや》ましいような、甘酸っぱい気分になってくるのでした。

「ねぇ、ママ。ママに紹介したい男の子がいるんだぁ」

そんなある日、娘が私に言いました。

「今度の日曜日、ウチに遊びに連れてきていい?」

「ええ……いいけど」

「ホント！　ママぁ、美味しいモノいっぱい作ってねぇ」

娘はキャッキャとはしゃいで、私の首に抱きついてきました。こんなところはまだまだ、昔のままです。でも、そのボーイフレンドに約束の電話をしている娘の横顔は、見知らぬ女……そう、若さがキラキラと輝くキレイな女。

（ああ……羨ましいわ……）

私は娘にどうしようもない嫉妬を感じました。私はもう四十歳。オバサンと呼ばれる年です。周りの人は、まだ若いよ、とお世辞でも褒めてくれますが、娘がキレイになっていくほど、自分が年を取って醜《みにく》くなっていくように思えてしまう。ツヤツヤした長い髪の毛、みずみずしい肌、制服の下ではち切れそうに育っている身体……すべて、私がなくしたものです。

（私も恋でもしたら、少しは若々しくなれるかしら……）

ひとり、寝室で私はそんなことを考えていました。

いままで、誘惑がなかったわけではありません。でも、娘も小さかったし、男性不信気味になっていたせいもあってか、恋をするなんて考えもしませんでした。

でも……最近寂しいんです。

娘はどんどん変わっていきますし、彼女がボーイフレンドたちに囲まれてチヤホヤされているのを横目にすると、自分もまた、素敵な男性に愛されてみたいという欲求が、ムラムラ湧いてくるのでした。

「あっ……あ……そこ……」

そして、アソコがうずいて今晩もオナニーをしてしまう。

思えば、もう六年も男性に触ってもらっていないのです。このEカップの胸だって……。

（クモの巣が張るっていうけれど……それは私のことね）

恥ずかしながら自分でアソコに指を入れ、かき回します。せめてものお手入れのつもりで……だけど、どんどん、指だけではもの足りなくなってくるんです。

（ああ……、男の人のオチ×チンが欲しい……、思い切り突いてほしい……）

太いペニスでかき回してもらえたら、どんなに気持ちがいいでしょう！　熟れ切った私のソコは、ひくひくと自分の指を締めつけます。

（もしかしたら……奈緒美……もうボーイフレンドとしているんじゃ……）

突然、私は、娘が私の留守中、ボーイフレンドたちとセックスしているんじゃないかという思いにかられました。それまでは、一度も考えたこともなかったのに……いいえ、考えないようにしていたのに。

（してるのね……奈緒美。あなた、ママにかくれて、男のモノを受け入れているのね！）

不思議な興奮が私を襲いました。かわいい娘が、私が手塩にかけて慈《いつく》しんできた娘が、若い男の子たちに犯されている。……こんなふうにアソコを濡らして……。

（奈緒美、奈緒美……！　ずるいわ……ママだって、したいのよ。娘のあなたばかりしているなんてずるいわ！）

私は、奈緒美が生まれてきた場所を思い切り指で突き上げました。いままでに感じたことのない快感でした。

「ああ……奈緒美……奈緒美ぃ……」

私は男に抱かれる奈緒美の姿を想像しながら、頂点に上り詰めていたのです。

「ママぁ、ちゃんとお酒落《しやれ》してね。もうすぐ彼が来ちゃうわ」

その週末、娘はやけに浮かれていて、自分のおめかしばかりか、私にもちゃんとした格好をしろと、うるさくつきまといます。よほど、今日来るボーイフレンドがお気に入りなんでしょう。

「アタシ、彼に、ウチのママは若くてキレイって自慢してるんだからぁー、メイクは手を抜かないでね」

なんて生意気な口をきくようになったんでしょう。けれど、『自慢している』と言われて、私はつい嬉しくて、いつもより念入りに鏡に向かい、洋服も若く見えるようなものを選びました。そんなときです、身繕いを終えようとしていると、玄関のチャイムが鳴りました。

娘がスリッパをパタパタならして玄関に向かう音が聞こえてきます。そして、嬉しそうな声が。……私の部屋は入り口から一番近くにあって、さて、このまま部屋から出てお出迎えしたほうがいいのか、娘の邪魔をしないよう出ない方がいいのか、ドアの前で迷っていました。それに……娘と同じぐらいとはいえ、男のコを出迎えると思うと、何かドキドキしてしまいます。

「ママ！　ママ！　来たわよ」

奈緒美がドアをどんどん叩いて私を呼びましたので、もう一度鏡に写った自分の姿で、ヘンなところはないかと確認し、私は緊張を殺してドアをあけました。

「ママ、彼が同じ学校の三年生で高沢《たかざわ》くん」

「こんにちは」

玄関に立っている背の高い少年……いいえ、青年というべきでしょうか。彼は日に焼けた顔にさわやかな笑顔を浮かべ、私に挨拶してくれました。

「あ……ようこそ、いらっしゃい……」

いままで娘が連れてきた、ちょっと不良っぽい少年たちとは違い、清潔で礼儀正しいコなので、私は少し面食らってしまいました。それに……とてもハンサム。

「高沢クンはテニス部の部長をやってるのー、ね！」

娘はいつにもましてかわいらしく、彼の顔を見上げニコニコしています。

ああ、奈緒美は本当に彼が好きなんだわ、と、私にはすぐにわかりました。

彼は私が用意していた昼御飯を喜んで食べてくれました。

日ごろ娘と二人だけですから、三人、それも男性を交えて食事するなんて何年振りのことでしょう。

「このカラアゲ美味しいですね」

高沢くんは食欲旺盛で、次から次とおかずを平らげてくれます。奈緒美はダイエットを気にしているものですから、あまり食べてくれず、はりあいがないのですが、やはり男の子は豪快というか、作った者が嬉しくなるような食べっぷりでした。

「矢島《やじま》のお母さんて料理じょうずだね」

彼に褒められて、娘ばかりか私まで頬が赤くなってしまいました。

「高沢クン、アタシの部屋でＣＤ聞かない？」

食事がすむと、娘は自分の部屋に高沢くんをさそいました。そのとき、私はとても寂しい気分になって、思わず引き止めていたんです。

「あら、まだいいじゃないの。ケーキもあることだし、コーヒー入れてあげるわ」

「えー、いいよ。あとで取りにくるからぁ」

奈緒美は『余計なコトを言わないで』とばかりに、ムスっとした声を出しました。

でも、高沢くんは……、

「あ、オレ、コーヒーください」

私に賛成するように、笑顔を向けてくれました。娘はそれがなおさら気に入らなかったらしくて、私を睨《にら》みつけると、しぶしぶダイニングの椅子に座りなおしました。

……意地悪かもしれないけど、私、そのとき、なんとなく『娘に勝った』と思い、胸がすーっとしたのです。

私たちはそれから、ケーキを食べながら雑談などしていました。奈緒美はいい顔してませんでしたが、高沢くんが楽しげにテレビの話題や、クラブの話などしてくれるもので、私もすっかりはしゃいでしまいまして……あとで奈緒美に叱られました。

「もうっ！　ママったら、アタシと高沢クンの邪魔しないでぇ」

「あら、いつも言ってるでしょ？　男の子と二人っきりになっちゃダメって。あなたたちはまだ高校生なんだし、節度を持ったおつきあいをしないと」

「知らないっ！　ママのバカっ」

彼が帰ったあと、娘はプンとむくれて自分の部屋に閉じこもってしまい、私は、さきほどまでの楽しさの余韻をかみ締めながら、後片づけをしておりました。

高沢くんはステキな男の子でした。スポーツマンらしいさわやかさと、逞《たくま》しさがとても魅力的で、それに……母性本能をくすぐるような愛らしい笑顔をするんです。

「矢島のお母さんて、すごい若くてキレイだね」

私がキッチンに立っている間、彼はそんなことを娘に言ってました。

（娘と同じくらいの男の子に褒められるなんて……）

お風呂上がり、私ったら、自分の裸を改めて鏡で見ていました。……まだ、ちゃんとウエストのくびれだってあるし、おなかもそんなに出ていません。

（あんな男の子と……してみたいわ……）

娘時代に憧れたタイプの男性。高沢くんは、まさにそんな感じの男の子でした。

（ああ……触って……私のオッパイに……奈緒美が吸っていたオッパイを吸って……）

その晩、私は、彼の顔を思い出しながら胸を揉み、オナニーをしました。

恥ずかしい話ですが、燃えてしまって……。それから毎晩のように、高沢くんを夢見てするようになってしまったんです。

（したい……したいわ……高沢くんと本当にしたい……）

私の思いは日ごと募《つの》っていくようで、もう、オナニーでは満足できなくなってきていたのです。身体が乾いているというのか、本物の男性をもとめて、アソコの奥がうずく感じなんです。私、自分がこんなにインランな女だなんて知らなかった……。

（だめ……このままでは……おかしくなっちゃうわ……）

満たされぬ我が身を悶々《もんもん》とさせ過ごす毎日でした。奈緒美は、相変わらずほかのボーイフレンドたちとも遊んでいて、高沢くんを呼んでくれません。

「ママ、アタシ友だちと出かけてくるから！」

そして、日曜日の今日も、奈緒美は早くから友だちと連れ添って外出しました。

「あ、そうそう。ママの誕生日プレゼント、遅くなったけどお昼ごろに届くからね」

「まあ、そんなの……いいのに」

奈緒美はいたずらっぽい笑いを浮かべ、スカートの裾を翻《ひるがえ》して出ていきました。

取り残された私は、一人きり、何もすることもなくリビングでテレビを見ていて……ちょうどお昼どきです、玄関のチャイムが鳴ったのは。

「はーい！」

てっきり宅急便かと思っていた私は、ぶっきらぼうな声で応対しました。

「こんちわー、高沢ですけどー」

まさか、高沢くんがやってくるなんて……。

「……は、はいっ？」

私は、インターホンを落としそうになりました。

（やだわ、お化粧ちゃんとしとけばよかった）

慌てて口紅だけを塗り直し、玄関に急ぎました。私の胸はもう、どきどきしていて、こんな感じ、初めてです。

「あれ、奈緒美さんは？」

家に上がった高沢くんは、奈緒美が出てこないのできょろきょろしていました。

「いま、ちょっと出かけているけど、すぐ帰ってくるわ」

「……おっかしいなぁ、十二時に来いって言ったくせに」

高沢くんは首を傾げて……私、そのとき、出がけに娘が言い残していった言葉を思い出しました。

「奈緒美が呼んだの……？」

「……はい、今日はクラブがあったんですけど」

高沢くん、ちょっと不満そうな顔していました。……たぶん、娘が強引に約束を取りつけたのでしょう。それなのに、当の奈緒美はいないんですから。

（奈緒美のプレゼントって……まさか……）

私の予感は、確信に変わりつつありました。娘のプレゼントって、もしかしたら高沢くんなのでは……？

「ごめんなさいね、でも、もうすぐ帰ってくると思うの。ねっ、高沢くん、お昼ごはん食べてないんじゃない？　スパゲッティでよかったら作るけど、食べて。ねっ」

私は必死に彼を引き止めにかかりました。これが娘の配慮なのか、どうなのかはわからないけど、高沢くんを帰したくない！　その一心で。

「あ……じゃあ……いただきます」

最初はむすっとしていた高沢くんですが、私が作ったお昼を平らげるころには、ずいぶん和やかなムードになりました。決して口が上手ではない私ですが、たくさんおしゃべりして……人間って、いざとなると大胆になれるものなんですね。

私、いつの間にか、彼を誘惑しようとしていました。

「高沢くんは、奈緒美をかわいいと思う？」

「……え……そりゃあ……思いますよ」

「もう、キス……とかしたの？　怒らないから教えて？」

「……し……しました……」

「セックスは……?」

高沢くんが赤くなりました。そうよね、ガールフレンドの母親からこんなこと聞かれたら、気まずいわよね。でも、照れている彼、とてもかわいらしかったんです。私、ますます興奮してきました。

「ねぇ、高沢くんは、私みたいなオバサンどう思う? もう女の人として見えないかしら。奈緒美みたいにピチピチしてないけど、スタイルにだって自信あるのよ」

そう言いながら、私、ぐっと胸を突き出しました。向こう側の椅子に座る高沢くんの視線が、ぱっと私の胸元に注がれました。

「……矢島のお母さん、若いっすよ……オバサンって感じゼンゼンしないし」

高沢くんの顔、ますます赤くなっていきます。ああ、これって、私を意識しているってことなんですね。

「私じゃあ、奈緒美の代わりにならないかしら……? キスから先のこと……」

ずるい言い方。こんなところで娘を利用している私。でも、でも……もう……高沢くんの視線を感じただけで、濡れてきてしまって……。

「教えてあげたいの。高沢くんに……」

高沢くんの喉が、ゴクっと鳴ったのが私のところにまで聞こえてきました。

「すげぇ……オッパイ大きい……奈緒美よりゼンっゼン大きい！」

私の寝室のベッドで高沢くんは照れ笑いしながら、私の胸を揉んでくれました。大きな掌ですっぽり包まれ、乳首が擦れてとても気持ちがいいんです。

「やっぱり、してたのね？　奈緒美と……」

「えへへ……」

「あっ……上手……高沢くん、おっぱい吸ってね」

「うん。すごいね、オバサンなんて言えないよ……とってもキレイだもん」

「ああん……じゃあ、有希子《ゆきこ》って呼んで……ねぇ、こっちも触ってぇ」

高沢くんに褒められ、私は天にも昇る心地でした。そして、自分から足を開き、彼の前にうずくソコを差し出しました。

「ゆ、有希子さんのパンツ濡れてるっ、シミが出来てるっ」

興奮した声で高沢くんが言います。私のアソコ、もうびっしょりで、下着が張りついて気持ち悪いほど濡れているんです。

「早く、脱がせてぇ、高沢くぅん」

はしたなく腰を振って、催促してしまいました。そんな私の目に、ジーパンの上からもくっきりとわかる高沢くんの強張りが飛び込んできました。

「高沢くんも、こんなになって……、つらそうだわ。出していい？」

私がジーパンのファスナーに手をかけると、彼、「うひゃ」っと照れたような奇声を上げました。胸をドキドキさせながら、ファスナーをおろし、トランクスから硬くそそり立った男性自身を取り出しました。……何年振りに見る生のオチ×チンでしょう！　それも、別れた主人以外のモノは初めて。私、高沢くんの、おへそにつくほど反り返ったモノに、たまらずむしゃぶりついてました。……主人とのときでも求められたとき以外、したこともないフェラチオ。でも、高沢くんのモノをしゃぶってみたくて、私、自分をどうにもできませんでした。

「うわっ、ゆ、有希子さんっ、き、気持ちイイっ！」

高沢くんが、「もっと舐めて」と言わんばかりに私の頭を押さえつけます。私の口の中は、若々しい汗の臭いがいっぱいで、しょっぱい汁の出てくる尖端を夢中になって舌でペロペロしました。

「う……お……で、出るっ、そんなに吸ったら、で、出るよぅ！」

若いせいか、私のような不慣れなフェラチオでも高沢くんはあっという間にイッてくれました。青臭い男の味が私の喉の奥にすごい勢いで当たりました。

「はあ……はあ……すげぇ……、気持ちよかったぁ……」

「うふふ、一回出してもまだ元気ね」

「だって、タマってたんスよ。最近、奈緒美ヤらせてくんないし。でもさあ、有希子さんのほうがダンゼンうまいね、オレ、けっこう自信あったんだけどなー」

「じゃあ、今度は私を気持ちよくしてね。高沢くんのオチ×チンを入れてちょうだい」

私、自分でパンティを脱いで、さそうように股をひらきました。ここまできたら、恥ずかしいなんて気持ちはありません。私自身、自分の度胸にびっくりしていましたけど……一度出しても、ちっとも力を失わないオチ×チンの先が、私の濡れそぼった入り口にぴたりと当たりました。その感触に、全身が震えました。高沢くんの逞しい身体がおおいかぶさってくる。それだけで、私はイッてしまいそうでした。

「あああっ！　熱いっ、熱いわぁっ」

数年もの間、通うものがなかったところへ、高沢くんのオチ×チンがグイグイと食い込んできました。気持ちいい！　自分の指なんかとは比べ物にならない！

「あっ、す、凄いわっ、溶けてしまいそうよぅ……！」

「ゆっ、有希子さんっ、締まるよ、そんな……きつくしないでよぉ」

　飢えた私が我慢できなくて腰を動かすたび、ぎゅっぎゅとソコが締まります。

高沢くんは「またすぐイッちゃうから」と、情けない声を出しました。

「いいの、イッてもいいから……動いてぇ、高沢くんっ！」

私、大声でおねだりしました。だって、たまらないんです。若いオチ×チンの感触が。思い切りコレに突いて欲しくって。そうしたら、どんなに気持ちいいんでしょう。

　ようやく、高沢くんが動きだしました。速い！　腰の動きがとても速くて、強いんです！　子宮口にオチ×チンの先がぶつかるって感じの、すごい勢い。

「ああ！　いっ、イイわっ、もっと、もっと激しくしてっ、オマ××をかき回してぇ」

「うっ、う……イイっ、有希子さんっ、イイよっ！」

どんどん高沢くんの腰の動きが激しくなり、私も、もう、気が違ったように叫んでいました。アソコは火がついたみたいに熱くて、……こんな快感を味わったのは生まれて初めてです。

「アッ、イクわっ！　イッちゃうぅぅぅ！」

本当に、あっと言う間に私は絶頂へのぼりつめていました。高沢くんも、すぐにイッたみたいで、二人してぐったりベッドに沈み込みました。

すると……。

「あーあ、やっと終わった」

その声に、私たちがぎょっとして起き上がると、ドアのところで娘の奈緒美がニヤニヤしながらこちらを見ているではありませんか。

「な、奈緒美っ、い、いつ帰ってきたのっ？」

「さっき。……ママったら、アノときの声がすんごく大きいョ。外に聞こえちゃうよ」

奈緒美はこんな現場を見て、恥じらったりいやがったりするどころか、楽しそうに私たちのほうへやってきました。

「ママのエッチな声を聞いてアタシまでコーフンしちゃった。ねぇ、ママぁ、高沢クンってイイでしょ？　ママひと目で気に入ってたもんね。アタシ知ってるのよ。ママが毎晩、オナニーしてたこと。こっそり、盗み見てたりしたんだぁ」

唖然とする私の前で、奈緒美は着ているワンピースを脱ぎだしたんです！

「な……奈緒美……あなた……そんなこと……」

「うふふ。だって、アタシ、ママが大好きなんだもん。ねえ、アタシもまぜてぇ、二人がエッチしてるの聞いてたら、シたくなっちゃった」

そう言って、奈緒美はベッドに飛び込んできました。

「……しんじらんねぇ……スゴイ、やらしい女だな、奈緒美ぃ」

「イイじゃん。高沢クンだってイヤじゃないんでしょー。だって、ココおっきくなってるもん」

娘が再び元気になっている高沢くんのオチ×チンを片手で握り、もう一方の手で、私の胸をさぐりはじめました。

「なつかしい……ママのおっぱいだわ。もう、一緒にお風呂とか入ってくれないから、ずっと触れなくて寂しかったの……もっと奈緒美をかわいがってほしかった……」

奈緒美がポロっとこぼした言葉に、私の心は締めつけられました。

「ごめんなさいね……奈緒美。ママ、やっぱりあなたに寂しい思いさせてたのね……」

「いいの。ママ、それより気持ちイイことしよ。三人で……」

私は愛しさの余り、奈緒美をぎゅっと抱き締めました。成長した娘の身体はしっとりとして、とても抱き心地がよかったです。

あの日から私と奈緒美は高沢くんを共用してます。時には三人で絡んでみたり、娘とレズ行為をすることもあります。……異常な親子愛だと思いますが、止められそうにありません。私たち、結局、インランな似た者母娘なんですね。

義理の父との肉欲に溺れた私は愛撫に身体を濡らして

村中美希　主婦・二十四歳

「美希《みき》か。いま駅に着いたところだよ」

私の誰にも言えない秘密は、そんな電話からいつもはじまります。

電話の相手は私の父。いいえ、正確には私の母の再婚相手だから、義父ということになります。

「義父《とう》さん……先週来たばかりじゃない」

「なに言ってるんだ。昌宏《まさひろ》くん、今日から出張なんだろ？　ふふっ、この間、お前が言ってたんじゃないか。義父さんに来てほしかったんだろう？」

「そんなこと……！」

いやらしい義父の笑い声に、私は嫌悪と、そしてなぜか胸の高まりを覚えます。

「母さんには、囲碁会の旅行だって言ってあるからな。昌宏くんが帰ってくるまで、泊まりがけでたっぷりとかわいがってやるぞ」

「義父さん、やめて。そこ駅前でしょ。誰かに聞かれでもしたらどうするのよ」

電話口の向こうに駅前の雑踏を聞き、私は慌てました。駅の近くなら、私や夫、それに義父の顔を知っている人もいるはずです。不用意に盗み聞きでもされて、私と義父との『秘密』を聞かれでもしたら……。

「もう、いいから切るわよ。……待ってるから」

受話器を置き、私は少しだけ後悔しました。

最後の一言は言わなくてもよかったかもしれません。たとえ「来るな」と言っても、あの獣よりも外道な男は、ここにやってくるでしょうから。

義理の娘の新婚家庭に押しかけてきて、肉体を貪る外道な男。どうしようもない自己嫌悪を覚えつつ、私の脳裏には、先週義父が来たときのことが思い出されていました。

(あの日は昌宏さんが帰ってくるからダメだって言ったのに……結局三時間もお風呂場で……ああ)

先週、電話もなしに昼日中にやってきた義父は、部屋に入るなり「暑いな、風呂にでも入るか」などと言い出したのです。

驚く私を浴室に連れ込み、義父はさっさと服を脱ぎはじめました。

「どうした、早く脱がないか、美希」

この男には何を言っても無駄。私は痩せこけた裸身を晒す義父の前でエプロンの紐をほどき、全裸になったのです。

「所帯太りしたようでもないな。よしよし、いつもの綺麗な美希だ」

洗い椅子に私を座らせた義父は、浴槽にお湯が溜まるまでの間、その枯れた手で私の体を石鹼で洗いはじめました。私はじっと目を閉じ、黙って義父の好きなようにさせてやりました。ずっと昔、私がまだ中学生だったころから、そうしてきたのです。

「ううむ、綺麗だ、美しいよ美希。結婚してもお前はちっとも変わらず美人だ。許せんな、こんな玉の肌をほかの男が撫でていると思ったら」

「あっ……」

泡をつけた手が私の体の敏感な部分をつるつると撫でます。一見、何気ない手つきに見えても、義父の手は首筋から背中のラインを正確に這い、私の性感帯を刺激するのです。乳首や性器に触れなくても、私を興奮させる術《すべ》を、この男は完全に身につけているのです。

「あっ……ふぅうん」

「うんうん、いい子だな。この脇腹から、足のつけ根、ここも好きなんだろ？　義父さんはお前の体のことなら、なんだって知ってるんだぞ」

「んあっ……！　はん、はぅん……」

私は首を反らせ、ひくひくと小刻みに体を震わせました。いっそ目を閉じていることで、逆に皮膚が敏感になっていたのかもしれません。でももう手遅れです。義父の手が魔法のように動くたび、私の心を覆っていた嫌悪感が一枚一枚はがれていくのがわかりました。

「よしよし……もうずいぶん感じてきたようだな。そろそろ義父さんのアレが欲しくなってきたんじゃないか？」

義父の言葉に私はゆっくりと目を開けました。義父の言うとおりになっている自分の体を腹立たしくさえ思いました。目元がじぃんと熱くなっていることに気づかれまいと、私は間近に義父を睨《にら》みつけました。

「そんな怖い顔をしないでくれ、美希……義父さんはお前のオマ××が大好きなんだ。たとえ嫁にいったって、お前のオマ××は義父さんのモノじゃないか」

なんて下劣な男だろう。なんて浅ましい男なんだろう。

そう頭では思いながら、私の体は一刻も早く義父の逞《たくま》しいものに犯されたいとうずうずしているのです。わずかな愛撫でこれだけ感じさせておいて、肝心のオッパイやアソコには少しも触れない、底意地の悪い義父に我慢なりませんでした。

「この………けだもの」

私は憎々しげに言い、自ら浴室のタイルに四つん這いになって義父に尻を向けました。

早くしてよとばかりに真っ白な桃のようなお尻を小さく振る私に、義父は隆々といきりたつ一物を手で持って近づいてきました。

「美希、みきぃ」

「あんっ……!」

ずずずぅううっ。

肉と肉とがこすれる感触に私は呻きました。石鹼の泡と私の愛液の助けもあり、義父の巨大な一物は私の膣壁をゾリゾリ擦り上げながら、私の体内深くに侵入してきました。

「はぁあ……あああん」

「ああ、美希。私のかわいい娘……」

義父は私に浴槽の縁に手をつくように言い、何度も何度もバックで私を犯しました。

瘦せているくせに義父はすごい力で私の腰をつかみ、初老とは思えないたくましいモノを、私の恥ずかしいアソコに激しく突き立てました。私は「ああ」と呻いて浴槽の縁にしがみつくしかなかったのです。

しかしその日、義父はまだいくらもたたないうちにピストンを速め、あっけなく最初の射精に達したのです。

「うあっ、いかんっ！　おう、おうっ……」

(義父さん、相当溜まっていたんだわ。こんなに早いのに、そのまま抜きもしないで……まだまだ十分硬いわ)

義父の精液は量も少なく、あまり濃くありません。生まれつき、子どもの作りにくい体なんだと、自嘲気味に言っていたことを思い出します。

その薄い精液を私の中にそそぎ込んだ義父は、少し余韻に浸ったあと、力を失わないペニスで再び私を犯しはじめたのです。

「ああ、義父さん、ダメ、そんなにしちゃ……あああっ」

「ふひひっ、ダメってことはないだろう、美希。義父さん、最初はあんまり早かったからな。二度目はじっくりかわいがってあげるよ。ほら、お前はバックでされながら、こうされるのがいいんだよな」

「あううう、っ！」

義父の両手が背後から伸び、ふるんと揺れる私の乳房を下からもみ上げました。中指と薬指で軽く乳首を挟みながら、ゆっくりと持ち上げるように肉球を揉まれると、なんともいえない快感が体の奥から湧き上がり、私は思わず「ああ、そこぉ」と、はしたなく叫んでしまうのです。

「相変わらずスケベな娘だな、お前は。オレが女にしてやったときから、お前はずっと淫乱のままだ。どうだ、いくら若い旦那でも、こんなエロなテクニックはないだろう？　満足できないだろう？」

義父の非常識な言葉にも、私は性器を熱く濡らして答えるほかありません。だって、それは本当のことなんですから。同い年の夫とのセックスはいつも単調で、心の底から私の体を満足させてくれたことはありませんでした。

「義父さん、とうさぁん……もっと、もっと美希をいじめてぇえ……」

「おう、よしよし。美希はいつまでたっても甘えん坊だなぁ。これからもずっと、義父さんがお前をかわいがってあげるよ。ドスケベなお前のオマ××を、義父さんのチ×ボでぐちょぐちょにかきまわしてあげるよ」

「はぁあっ、はぁああんっ！　かっ、かきまわしてぇ、して、してぇ！」

私は顔が浴槽に浸かってぐしょぐしょになるほど、頭を振りまわして悶《もだ》えました。義父は私の膝がタイルですりむけるほど猛烈なピストンで、私を何度も昇天させました。最初の射精が早かったことを気にしているのか、私の恥ずかしい穴を犯すリズムを微妙に変え、なかなか射精しませんでした。

「ひぁ、ひあんっ！　だ、だめ、またいく、イッちゃう、ひっ、ひぃい！　も、もう、許して、とうさん、もうイッて、イッて……でないと私、わたし、また……また……あっ、ひいいいぃいいい……！」

そして、私が何度絶頂に達したのかわからなくなったころ……義父はようやく二度目のザーメンを私の膣にそそぎ込んだのです。

「はぁ、はぁ……」洗い椅子に腰を下ろし、さすがに息を切らせる義父を振り返り、私は心地よい気怠《けだる》さを残す体を義父の老いた体に寄り添わせます。

私と義父との爛《ただ》れた肉欲は、ここからが本番なのです。五十過ぎの義父に三度の射精は無理です。その代わり、私たちは今度は舌と手を使って互いの体をまさぐり合うのです。

「ああ美希、美希ぃ……」

「義父さん、とうさぁん………」

好色な初老男性の指戯と舌戯は半端なモノではなく、私はその執拗《しつよう》で繊細な愛撫だけでさらに二回はイカされてしまうのです。むうっと肌にまとわりつく男と女の淫らな熱気がこもる浴室で、私たち義理の父娘は手足を絡ませ、夕暮れ近くまでそんな爛れた肉欲に狂っていたのでした。


母と義父が再婚したのは、私が十歳のときでした。

実の父はあまり家庭を顧《かえり》みない人で、私は母子家庭同然の少女時代を過ごしていました。

だから母が再婚したいと言い出したときも、「そお、すれば?」と言っただけでした。

義父は正直、それほど風采《ふうさい》も上がらない、平凡な男でした。でも体があまり丈夫でない母は、前の夫よりも家にいついてくれる義父を気に入っていたようです。

そんな私と義父との関係が一変したのは、十三歳の夏休みのことでした。

あの日、母は町内会の慰安温泉旅行に出かけ、私は義父と二人きりでした。最初は義父も行くと言っていたのですが、当日の朝になって「気分が悪い」と言い出し、残ることになったのです。

私は遊びに行きたかったのですが、腹痛で寝込む義父を置いてもゆけず、仕方なく自室でしたくもない宿題をしていたと思います。音楽を聴いていた私は腹痛で寝込んでいるはずの義父が、足を忍ばせて部屋に入ってきたことに少しも気づきませんでした。

「みき」

「きゃ……な、なにっ？　いや、いやあんっ」

最初、何が起こったのかわかりませんでした。でも、背後から自分を抱きすくめているのが義父だとわかったとき、私は別の恐怖を覚え、必死に抵抗しました。

「こ、こら、おとなしくしなさい。いい子だ、いい子だな……」

暴れる私を抱きすくめたまま、義父は私をベッドに引きずり込みました。中一にしては小柄だった私は、義父の身体に押しつぶされそうになったのを覚えています。

その後のことはぼんやりとしか覚えていません。

気がつくと私はブラウスの前をはだけられ、下着をむしり取られ、オッパイと股間を丸出しにしたあられもない格好で、義父の腕に抱かれていました。自分の身に何が起こったのかもわからず、やたらと私の髪を撫でる義父の手がひどくうっとうしく思ったのを覚えています。

初体験の痛みは……あまり記憶にありません。

どのみち、それをきっかけに私は義父の性的なおもちゃとなり、母の目を盗んでは部屋にやってくる義父に、さんざん身体を弄《もてあそ》ばれるようになったのです。義父の愛撫のテクニックは確かに大したもので、たった十三歳の小娘の性感帯をじっくりと時間をかけて開発し、私はその未知の快感にいつしか目覚め、義父の外道な行為をそれほどイヤだとも思わなくなっていったのです。

そしてとうとう私は十四の誕生日を迎えるより先に、義父のペニスでエクスタシーさえ覚えさせられたのです。

高校に上がるころには、私はすっかり義父とのセックスの虜《とりこ》になっていました。自ら母親の目を盗んで義父を自室に引っ張り込み、すすんで義父の陰茎をしゃぶりました。義父の放つザーメンを美味しそうに飲み干しては、彼を悦ばせました。

もちろん、こんなことをしてはいけないという自覚はありました。同じ高校の生徒に告白もされ、その彼とホテルに行ったこともありました。義理の父との爛れた関係を断ち切りたかったのです。

でも結果は最悪。雑誌やビデオの聞きかじりの知識しかない高校生とのセックスは、やたらとせわしなく、あっけないもので……逆に義父の執拗な愛撫のすばらしさを再認識する結果になったのです。

「お前はもう、義父さんのチ×ボでしか感じないんだ。とうさんに触られないと、アソコも濡れないだろう?」

それは義父の口癖でした。その後、短大に入り、就職して社会人になってからも、私は何人かの男性とおつきあいをして、身体を重ねることもありました。でも義父の言葉どおり、義父が与えてくれるほどの快感を私に与えてくれる男性はいなかったのです。

そんな私が会社の同僚と交際をはじめ、彼のプロポーズを受けたのは、もういい加減、義父との関係を終わりにしたかったからでした。主人とのセックスは私の期待を越えるものではありませんでしたが、それでも構わないと思ったのです。

義父との歪んだ関係を終わらせられるのなら……。

「ああ、暑い暑い。まったくたまらんな」

汗を拭きつつ、義父は私と主人の新居に上がり込んできました。駅からここまで歩く間に、びっしょりと汗をかいています。

「……何か飲む？」

渋々そう口にする私の胸に、義父はいきなり顔を埋《うず》めてきました。じとっと熱い義父の顔面が私の乳房に押し当てられ、私は思わず「あっ」と声を上げました。

「美希……そんなに邪険にしないでくれよ。義父さんは、お前がかわいいだけなんだ。好きなんだ、このふくよかな美希のオッパイが」

「あ、うんっ……もう、暑いから、やめて」

痩せた腕からは想像もできない力で抱きすくめられ、私はキッチンで立ちつくしたまま、しばらく乳房への愛撫を受けました。シャツとブラ越しに、義父の唇が乳房を這い、乳首を挟むのがわかります。じわぁと広がる快感に、背筋が痺れました。

「やっ……暑い。いま、冷房強くする、から」

「脱いじゃいなさい。そのほうが手っ取り早い」

そんなこと、と言うより早く、義父の手がシャツにかかり、ブラごと一気にまくり上げられました。ふるん、と揺れるオッパイの谷間に顔を埋め、義父の口が谷間をちゅうちゅう吸い上げます。

「あうっ……だ、だめよ、こんないきなり」

「少ししょっぱいな……美希の汗の味だな。ああ、美味しい……」

れろれろと私の汗を舌で舐め取る義父の頭を、私は思わず抱きしめてしまいました。義父の両手はすでに私の背筋をそろりそろりと刺激しています。背骨のくぼみを一つ一つ確かめるような繊細な動きに、ぞくっと鋭い快感が腰骨まで走り抜けました。

(あぁ……この感じ。この感触は義父さんでしか味わえない……)

私の身体は次第によろよろと義父に押され、キッチンシンクに押し当てられました。逃げ場を失った私の太股の間に足をねじ込み、義父の膝が私の敏感な部分をグリグリと刺激するのです。

「あっ、あぁーん……義父さぁん……」

あの十三歳の夏、義父に押しつぶされそうだった小柄な私は、いまでは義父さんより背が高くなっています。あのころより背も曲がった義父は、私の身体にしがみつく子どものように懸命に乳房に吸いつき、足を絡めてきました。

「あぁっ……ダメ……こんな昼間からなんて、誰が来るかもわからないし」

「はふぅ……いいじゃないか。新妻が引っ張り込んだのは若い男ではなく、実家の父親だろう? 怪しむヤツなんておらんよ。それに、新妻が父親にオッパイを吸われてよがってるなんて、まさか思うまいよ」

そう言ってこりっと乳首に歯を立てる義父の責めに、私はびくりと身を震わせます。

ああ、確かにそうです。

娘が新居に父親を呼んだからといって、浮気を疑う人はいません。この男はそこまで考えて、わざと昼日中に来たのです。

「人でなし……あんたなんか、あんたなんか」

結婚して夫を持っても、私はこの男から逃れられない。それどころかその愛撫に身体を熱く濡らし、凌辱を待ちわびてしまう。私は自分の身体の淫乱さに自分自身情けなくなりました。

「その人でなしの指を待ちわびているのは、ここか……?」

「はうっ……!」

背中からお尻をなでまわしていた手が、あっと思う間もなくお尻の割れ目に吸い込まれ、義父の指先か下着の上から私のアソコに突き立てられました。くちゅ、とあふれ出た愛液が下着に染みを作るのがはっきりとわかりました。

「あふうぅっ……！　ひっ、ひふぅ」

「なあ美希、もっと自分の身体に正直になっておくれ。とうさんはいつだって正直に、お前をかわいがってきたじゃないか」

「あ……あぅ、あうぅん……」

義父は片手で私の乳房をつかみ上げながら、もう片方の手で私の恥ずかしいアソコをくにくにくにくにと揉みほぐしました。私の流した淫らな液は下着をぐっしょりと濡らし、太股にまで伝ってきます。

「お前が十代のころから、お前は義父さんのものだった。いまも、そしてこれからもだ。なあ、言っておくれよ。私にどうされたいんだ、美希？」

「あ、ああ……義父さぁん……」

ぐじゅっ……。

下着の上からでは満足できないのか、義父の指が直接私のアソコにねじ込まれました。節くれ立った指にくじられ、私の喉から悲鳴があがりました。

「はぁんっ！　ひぅ、ひぅう……っ！　ああ、お願い、もう、もう」

下半身から急に力が抜け、私はキッチンにへたりこみました。いつもにも増して鋭く射し込まれる快感の杭に、私の理性は消し飛びました。

「ちょうだい……義父さんの、あれ欲しいの……」

私はへたりこんだまま、義父の下半身にむしゃぶりつきました。震える指でベルトをゆるめ、ジッパーをおろし、下着ごと引き下ろします。五十過ぎとは思えない逞しい一物はほぼ水平の位置で私を誘うように揺れています。

「はぶぅ」

私は何のためらいもなく、義父の陰茎を口に含みました。頬をすぼめて先端をきつく吸引し、指先で根元をつまんでシュッシュと激しく擦りました。つんと蒸れる体臭も尿の味も、私の性感を高め、私を一匹の浅ましい動物に変えました。

「き、きて。これ、ここ、は、は、早くぅうう！」

溶岩のように湧き上がる肉欲に支配され、私は義父の痩せた身体をキッチンタイルに引き倒しました。ごつん、と尻餅をついて呻く義父にまたがり、私は唾液にまみれた義父のアレを、下着の脇から射し込み、腰を沈めました。

「う、むぅう」

「あっ。あはぁああ……んっ！」

膣壁一杯に充満するペニスの感覚に、私の快感は一気に膨れ上がりました。自分から腰を振って、呑み込めるだけ奥に呑み込みました。奥の奥、いけばいくほど狭くなるオマ××のあらゆる部分をえぐってもらおうと、私はケダモノのように腰を振り立て、義父のペニスを味わいました。

「んああっ！　んぁ、ぬあぁあんっ！」

「おう、おぅ……み、き……」

あまりに激しい私の責めに、義父も思わずうめき声を上げました。でも脳がとろけるほどの情欲にとらわれた私の身体はもう止まりません。

（あああ、気持ちいい、きもちいい、きもちいい！　肉が、義父さんの肉が私を犯してる。義父さんの肉に、犯されてるっ！）

義理の娘の処女を奪い、その体を貪りつづけてきた義父……ケダモノ、人でなし、外道、鬼畜……でも、そんな義父の愛撫に悶え、義父の性器に貫かれて悦び震える私もまた、同じケダモノ……。

「とうさぁあん、義父さぁん、はあぁあああんっ」

「みき、みきいっ」

とくっ……。

大きさと硬さに比べて迫力のない射精が、私の膣を白く染めました。

でも、義父のそれはやはり一回の射精で萎えることはなく、私とつながったままです。

「ふぅ、ふぅ、美希……それでこそ、私のかわいい娘《こ》だよ。かわいいよ、みき……」

しばらく性器をつなげたまま、義父は息を整えていました。やがてぐいと汗を腕で拭うと、私を立たせ、キッチンシンクに手をつくように言いました。

「うん、美希のオマ××は、バックからの感触がまたいいんだ」

そう言って腰を突き出すと、私のいやらしいヒダは粘液まみれの竿をごぶりと呑み込みました。

「二度目が終わったら、お風呂場に行こう。義父さんが美希のお尻の穴まで舐めてあげるよ。全身きれいに洗ったら、寝室で夜通しいじりっこをしよう。お前と昌宏くんがセックスをしているベッドで、義父さんが美希をかわいがってあげるよ」

「あぅん……義父さぁん、義父さぁん……」

義父は両手でしっかりと私の腰を抱き、ぽんぽんと腰を打ちつけました。次第に速くなるピストン運動に、一度は引いた快感の波が再び押し寄せてくるのを感じました。

「あぁあー……またくるぅ。気持ちいいの、くるぅー……！」

「何度でも……何度でも気持ちよくなりなさい。私のかわいい美希…………」

「あああぁん、ふあぁぁあああんっ……」

気だるい夏の昼下がり……主人のいない新居で、私は義父のペニスに犯され、いつ果てるともない快楽に身も心も委《ゆだ》ねきっていました……。

あのあと、義父は夫が帰ってくるまでの三日間、外出することもなくみっちりと私の体を貪って帰りました。私は昼夜を問わず、義父に貫かれ、指でほじられ、全身を舐めまわされ、気の狂いそうな悦楽に浸りきっていました。

もちろん、それからも義父との関係はつづいています。理性でどんなに拒否しようと、私の身体はあの人の愛撫だけを受けつけ、あの人のペニスでしかエクスタシーに達しないのです。

主人にも、母にも済まないと思いますが、どうしようもありません。

私のパンティでオナニーするいとこにその中身を見せつけ硬くなったモノを……

浜田睦美　主婦・三十一歳

私は結婚して今年で六年になる人妻。このあいだ三十歳になったばかり。結婚したてのころは、「人妻」なんていう言葉の、ちょっとエッチな響きにドキドキもしたけど、いまはそんな新鮮さもすっかり失せてしまった。とくに三十歳の誕生日は、ちょっとブルーだったな。夫はたまたま出張だったので、一人で過ごしたの。ま、それはいいのだけど、もう二十代じゃないんだ……と思うと、なんだか寂しくなってくる。

といっても、私はこれでもかなり若く見えるらしくて、初体面の人には二十代前半に見られることもある。本当のこと言うと、誕生日の夜、誰もいないのをいいことに、鏡の前で服を脱いで裸になって、体をじっくり眺めてみた。そうしたら、自分で言うのもなんだけど、胸はそれなりにふっくらしてて形はくずれてないし、お尻だってすごく張りがある。髪の毛をすこし茶色に染めたおかげで、なんかオトナっぽい女子大生風。結婚前は、よく男の子に、笑うとエッチっぽい口元だね、と言われた厚みのある唇も、まだまだかわいい。私、思ったより「おばさん」じゃないって、ちょっと自信を持ってしまう。すこし安心して、鏡の前で悩殺的なポーズなんかとりながら、もしかして、まだ若い男の子と恋愛なんかできるかな……なんて考えていた私。だって、五歳年上の夫は、確実に中年おやじの階段をのぼっていく感じで、最近ちっとも魅力がない。いっしょに歩くのがなんだか恥ずかしいことさえある。それにひきかえ私は……なんて、ちょっと思い上がりかな。

ま、本当に若い男の子とどうにかなるなんて、絶対にありえないと思うんだけど、でもこのまま夫しか知らずに生きていくのかと思うと、ますますブルーになってしまう。テレクラなんかで遊んでる主婦の気持ち、わかるな。そう思いながら、私、誕生日の夜、ひとりエッチしちゃってた。ああ、寂しい……。

ところが、神様は、まだ私のこと見捨ててなかった。きっとこの若々しい美貌

（？）が目に止まったんだと思う。

それは、今年の冬の終わりのこと。東京の私立大学を受験する一真《かずま》君を、一週間、家で預かることになった。一真君は夫のいとこにあたる。もちろん、高校三年生。いとこといっても地方に住んでいるので、私は、二年ほど前に夫の親戚に不幸があったとき一度会っただけ。そのときの印象は、超美形ってわけじゃないけどなんとなく爽やかで、将来きっとモテそうという感じ。でも、今度はいつ会えるかわからないし、それほど気に止めていたわけではない。

それが、大学受験のおかげで、もう一度会えるなんて。しかも、うちに一週間も泊まるなんて。何だかとてもウキウキした。

二年ぶりに会う一真君は、私が見上げなければならないほど背が伸びて、ちょっとニキビができて、でもやっぱり笑顔が気持ちいい男の子だった。最近の子がよくしてるみたいに髪の毛を染めてるわけでもなく、いまどき珍しくまっとうに成長してるなって雰囲気。うん、なかなか気に入った。それでもやっぱり受験生、目のまわりには睡眠不足の様子がうかがえるし、着替えや生活用品の入ったバッグとは別に、大きなバッグに参考書やノートをぎっしり詰めてかかえている。

「うちは昼間は私一人だし、主人の帰りも毎日遅いから、いつも静かだから。たっぷり勉強できるよ。がんばってね」

　と言うと、一真君は律儀に「よろしくお願いします」と言ってペコンと頭を下げた。ああ、きっといまは受験勉強のことで頭がいっぱいなんだろうな、そう思うと私は、ついモヤモヤした気分になりそうなのをグッとこらえた。

　それでもときどき、勉強中の一真君におやつを持っていったりするときには、きれいな肌や幼い感じの残る指を盗み見てドキドキした。それに、目の前を歩いてる一真君を見るときは、どうしてもズボンの前に目がいってしまう。ああ、あそこに十八歳の男の子のおち×ちんがあるんだ、元気で、すぐに立ってしまう、若々しいおち×ちんがあるんだ、そう思わずにはいられなかった。こういうのって、中年おやじが若い女の子を見るときの目と同じだな、なんて思うと、自分でもなんだか恥ずかしくなる。いけない、大切な受験生を預かってるんだから、ヘンなこと考えないようにしなきゃ……、そう自分に言い聞かせながら過ごしていた。もちろん、一真君のほうは、ほとんど一日中、部屋にこもっていた。きっと、三十歳になった親戚のおばさんが、自分の体のことをいろいろ想像してドキドキしているなんて夢にも思わずに、最後の追い込みをしているに違いない、そう思っていた。

でも、じつは違っていたみたいで……。

最初に気づいたのは、一真君が来て三日目の朝だった。洗濯をしようと、洗濯機のフタを開いてみて、あれ、と思った。前の晩に脱いだはずの薄いブルーのパンティがない。

まさか……。真っ先に一真君のことを考えた。でも、受験勉強に打ち込んでる彼が、まさか私の下着を……、なんだか信じられない。だいいち、ふだん私を見る目は、ふつうの親戚のおばさんを見る目。怪しい様子なんて、これっぽっちもない。でも、年ごろだし、つい手が伸びてしまった、なんてことも……。私は、複雑な気持ちだった。

それからその日は、一真君が勉強している部屋の襖を見るたびに、いつも以上にドキドキした。一真君には、六畳の和室を使ってもらっていた。用事があるときは、襖の外で声をかけてから開くようにしてるけれど、その日は、何だか声をかけるのもはばかられるような気がした。

考えてみたら、高校三年生だったらオナニーするのは当たり前。いくら受験生とはいえ、一週間もオナニーなしなんて考えられない。きっと、家にいる間にオナニーしたくなることもあるだろう。そう思い始めると、自分のおち×ちんを握り締めている一真君の姿が、頭の中にチラついた。もしかして、もう片方の手に握られてるのは私のパンティ、洗濯する前の、汚れたパンティ……。私、体が熱くなった。一真君、やめて、恥ずかしい、そう言いながら、襖を開きそうになった。

やっとのことで思いとどまった私は、気を取り直して洗濯を済ませ、いつものように襖ごしに一真君に、

「お買い物に行ってくるね」

と声をかけた。「はーい」と返事をする一真君。あれ、声がうわずってる。

それで、いけない……と思いながらも、私、出かけるふりをして、しばらく和室の前に立っていた。シンと静まりかえった家の中。和室の中も静かだった。でも、そのうち、ヘンなことに気づいた。中から、かすかなうめき声が聞こえる。

え、うそ……。襖に耳を近づけた。一真君の荒い息づかいが聞こえる。どう考えても、勉強しているとは思えない。だめ、そんなことしちゃ、と思いながらも、私、襖を少しだけ開いた。そして、思わず息を飲んだ。向こうむきに座っている一真君の背中が見える。その右手がせわしなく動いていた。すぐに、オナニーし

てることがわかった。

私は、生まれて初めてみる男性のオナニー姿に、顔が熱くなった。そして、もっと驚いたことがあった。一真君の左手に握られているのは、私のブルーのパンティだった。

こんなにあっけなく予感が的中するなんて、かえって信じられなかった。

どうしよう、声をかけようか、やめようか……、悩みながら私は一真君を見つづけた。イキそうになるのを、何度かグッとこらえているようだった。ときどき、パンティを顔に近づけている。あ、やだ、匂いを嗅いでるんだ、やだやだ、恥ずかしい……。そう思っていると、やがて一真君の手の動きが速くなった。そして、かたわらのティッシュをつかむと、おち×ちんを包んだようだった。

「あう……」

一真君がうめいた。何度か肩が揺れる。

イッたんだ、私が見てるとも知らずに、おち×ちんから、濃いのをいっぱい出しちゃったんだ。頭がクラクラした。気がついたら、スカートの上から自分の恥ずかしい部分に指を押し当て、太腿でギュッと締めつけていた。

一真君がティッシュをゴミ箱に投げ捨てたので、私は、そっとその場を離れた。

寝室に行き、ベッドに座った。すごくドキドキしていた。パンティの上から触ると、あそこが火照って濡れているのがわかった。おち×ちんそのものは見えなかったので、かえっていやらしい妄想が広がる。もう我慢できない。私、パンティのわきから指を入れて、毛をかき分けた。薄くて柔らかい毛の奥の恥ずかしい割れ目は、もうヌルヌルになっていた。それを指先にすくいとると、クリトリスに優しくぬりつけた。

「あん……」

声が出そうになるのを我慢しながら、そこをゆっくりとなぶる。すごく感じる部分なのに、夫は少しも攻めてくれない。だから自分でするときは、思いきり触ってあげる。指先でいじっているうちに、ツンツンとがってくるのがわかった。

一真君がオナニーしてた、私のパンティで、オナニーしてた……、そうつぶやきながら、私、仰向けになって、もっと大きくパンティをずらした。そして足をいっぱいに開くと、片方の手の指で割れ目を開き、クリちゃんをむき出しにして、もう片方の手の指でそれを刺激した。強く、弱く、強く、弱く……。一番好きなリズムでいじっていると、自然に腰が浮いてきて、すごく淫らな格好になってきた。

自分で自分の姿に興奮して、ますます濡れてくるアソコ。もうお尻の割れ目のほうまであたたかい液体が垂れてるのがわかる。

私、すごくせつない気分になって、ちょっと変態なことしちゃった。アソコからあふれてる液を指先につけると、それを鼻先にもってきて匂いを嗅いでみた。だって、一真君がどんな匂いを嗅いでオナニーしていたのか気になったから。酸っぱいような、甘いような、すごく淫らな匂い。こんな匂いを嗅がれてしまったんだ、私。

もう指が止まらなかった。グチョグチョ音をたてながら、私、

「あん、あん……」

て喘いだ。気持ちいい……、いつの間にか屈曲位みたいな格好になっていた。ジュボッ、ジュボッて感じて、指が奥まで入ってる。ああ、だめ、すごく、いい、たまらない……。どんどん昇っていく……。

とうとう私、イッてしまった。唇を嚙んで、声が出ないように我慢して。パンティの狭い部分は、エッチなオツユでグショグショになっていた。

一真君のせいだよ……。

パンティを脱いで、広げて見ながら、私、また興奮していた。そうだ、今度は

これを洗濯機の中に……。もう自分が止められなかった。こっそりお風呂場に行くと、洗濯機のフタをあけて、中に放りこんだ。

その日の夕食のとき、私は一真君の顔を見るのが照れ臭かった。でも、一生懸命にふつうの会話をしようとがんばった。その晩、一真君がお風呂に入ったあとで、私も入った。洗濯機の中を確かめると、私の汚れたパンティは、なかった。

いまごろ一真君、私のパンティを使って、きれいに洗ったばかりのおち×ちんをしごいてるのかな……そう考えると、また体がムズムズしてきた。

ふと気づいて、私はもう一度洗濯機の中をのぞいた。

もしかして、一真君のシャツの下には……あった。一真君のブリーフだ。ドキドキした。目の前にあるのは、十八歳の男の子のおち×ちんを包んでいたブリーフ。しかも、オナニーしてた……。いけない、そんなことしちゃダメ。いくらそう思っても、もうダメだった。私、自分がすごく変態になっちゃう、と思いながらも、とうとう、そのブリーフを開いて中を見てしまった。おち×ちんの当たる部分が汚れている。しかも先っぽのところにシミがある。顔を近づけて匂いを嗅いだ。おしっこの匂い、それから、もっと違うものの匂い。いくらティッシュで拭いたって、少しはブリーフについてしまうんだ。オトナの女なんだもん、それくらいわかる。

私、何度も息を吸って匂いを嗅いだ。はっきりいって、臭い。でも、ぜんぜんイヤじゃない。一真君の匂い、そう思うだけで、私、下半身から力が抜けそうだった。

私、お風呂の中までブリーフを持ち込んだ。そして、その匂いを嗅ぎながら、アソコを触った。もちろん、そこはもうグッショリだった。立ったままで、私、お尻のほうに手をまわして、割れ目を前後になぞった。力を入れなくても、指先がニュルッと中に入ってしまう。少しお尻を突き出した恥ずかしい格好で、私、指をグチュグチュ動かした。片手に持ったブリーフを鼻先に押しつけながら……。やだ、私って、すごい変態人妻だ、そう思いながらも体はせつないくらいに火照っていた。

立っているのもつらくなって、私は壁のタイルに頬を押し当てた。そして、バックスタイルでセックスしてるときのような格好で、指を動かしながら、もう片方の手では、なんと一真君のブリーフをクリトリスにこすりつけていた。ああ、どうしよう、本当に私は変態だ、そう思いながらとうとうイッてしまった。

翌朝、夫が外出したあと、私は、前の日よりもますます目を合わせるのが恥ずかしくて、何度も冷蔵庫を開いたり、調味料の瓶をあちこち動かしたりしていた。

ふと気づくと、一真君のほうも、やましい気持ちがあるのか、うつむき加減でごはんを食べている。ふふふ……、私、すこしだけ強気になった。

「勉強はかどってる？　自信あるの？」

なんてなにげない会話をしながら、ひそかに一真君を観察した。

「ええ、まあ、なんとか……」

なんて言葉をにごす一真君を見てたら、ますます、いじめちゃおうなんて気になって、

「勉強以外のことが気になって、はかどらない、なんてこと、ないよね」

そう言うと、一真君の肩がピクリと動いた。

「はあ、べつに……」

なんてますますうつむく一真君。かわいい。

いくら三十歳のおばさんとはいえ、私みたいにイイ女だったら、やっぱりドキドキしちゃうよね、なんて心の中で思ったりして。

おはしを持ってる指を見ながら、あの指で……なんて考えてる、いけない私。

やがて食事を終えて、部屋に引っ込む一真君の後ろ姿を見ながら、また体がうず

いてしまった。

それにしても、その日、まさかあんなことになるなんて……。一真君が部屋に入ったあとも、私、とても気になってしかたがなかった。

勉強してるのかな、それとも、またオナニーしてるかも。

私は、前の日と同じように、一真君に、買い物に行ってくるねと声をかけた。

そして、襖の外で様子をうかがった。

もしもゆうべしたのなら、もう今日はしないかもしれないな、でも、したい盛りだから、またしちゃうかもしれない。いろんなこと考えながら、襖に耳を近づけた。

そしたら、また聞こえた。荒い息づかい。うめくような声。音がしないように気をつけながら、襖を少し開いた。前の日と違って、一真君たら、仰向けになってしてる。

ズボンとブリーフを膝のあたりまで下ろして右手でつかんでる。まだ幼い感じの残る顔からは想像できないくらい太くて、大きくて、いやらしい形をしたおち×ちんが、上を向いて、ピンと立ってる。私、もう釘づけだった。おち×ちんにからみついた指が上下に動いてる。もちろん片方の手には、あの、すごく汚れてる私のパンティが握られてる。ときどき顔に近づけて、見たり、匂いを嗅いだりしてる。私、思わず見入ってしまった。そうとも知らずに、一真君の手の動きがだんだん激しくなってくる。

とうとう一真君、パンティを舐めるようにして顔に近づけた。そして、さらにすばやく手を動かした。ああ……、そんな声がしたかと思うと、一真君の腰が震えた。と思ったら、おち×ちんの先から、ものすごい勢いで、白い液がピュッ、ピュッて、何度も何度も飛んだ。すごい、あんなに……、と思った私は、次の瞬間ハッとした。勢いよく飛びすぎて、一真君の液が、私のパンティにかかってしまった。

私、びっくりした。なんだか自分の体にかけられたみたい。もう、それ以上我慢できなかった。自分に歯止めがきかなかった。とうとう私、襖を開いてしまった。

「なんてことしてるの?」

私、自分の声に驚いた。すごく怖い。もちろん一真君はもっとびっくりしている。

上半身だけ起き上がって、丸い目で私を見た。何か言おうとしている。でも言葉にならない。まだぜんぜん立ったままのおち×ちんは、出したまま。先っぽと、お腹のあたりが、ドロドロした液で濡れている。そして私のパンティも。

「よくも私の下着を汚したわね」

と強い口調で言うと、一真君は、

「ごめんなさい……、あの、洗いますから、このことは……」

なんて、すっかりあわてている。その姿を見ながら、私はすっかり落ち着いてしまった。なんだか一真君を支配してるような気分。

「まじめに勉強してると思ったら、あなたって子は……」

「本当にごめんなさい、このとおりです……」

正座して謝ろうとしてるけど、おち×ちんのまわりが濡れてるのが気になるみたい。ティッシュで拭けばいいでしょうと言うと、一真君、素直に従った。かわいい、すごく。私、なんだかゾクゾクして、もっといじめたくなってきた。

「自分の体だけそうやってきれいにしても、私のパンティはどうしてくれるの？」

と言いながら、私はパンティを指さした。

「あの……洗います……」

とか言いながら、一真君はますますうなだれた。そのとき私が感じた不思議な気分って何だろう。いま、目の前におち×ちんを立てた男の子がいて、必死で許しを求めている。たまらない気分になった。

私はそれから、わざと怒ったふりをして、

「そんなにオナニーしたいのなら、いま、私の目の前でしてみせなさい」

と命令した。自分でも意外なくらい冷たい声だった。

一真君は一瞬キョトンとした顔をしたが、私が真剣な顔をしているので、しぶしぶというように、おち×ちんを握った。一度出したばかりなのに、少しも小さくなってない。一真君は、私の顔を見ながら、ゆっくりと指を動かし始めた。近くで見ると、もっとすごい……。私の目は、しごいてる手元に釘づけになってしまった。

「私のパンティでオナニーするなんて、ひどい子ね」

と言いながら、私は顔を近づけた。汗や、いろんな匂いがした。

「もっとしごいて、ほら、はやく……」

なんて、まるで女王様みたいに命令する。こんな素質があったんだなって、自分で驚いてしまった。

アソコが熱く潤《うるお》ってくるのがわかる。ああ、しみ出してくる、それに、ジンジンうずいている、すごく淫らな気分だ。

やがて一真君は、「ううっ」とうめくと、目の前で再び発射した。さっき出したばかりなのに、ずいぶんたくさん出た。それも、すごい勢いで。

恥ずかしいのか、顔を上げようとしない。

「気持ちよかった？」

と尋ねると、うなずく一真君。バカ正直なんだから、もう……。私、ますますいじわるになった。

「ほんとは、パンティじゃなくて、パンティの中身が見たいんでしょ」

わ、私って大胆……と思いながらも、じっと一真君の目をのぞきこんだ。一瞬ギョッとした顔を浮かべたけれど、すぐに、素直にうなずいた。

いま考えると、私、もう完全にその気になっていた。立ち上がってスカートをめくると、見せつけるようにパンティを脱いだ。いつもの自分じゃないような気がした。

一真君は、びっくりしながらも、私のあそこから目がはなせない。ますます興奮して、腰を突き出すと、「ほら……」と言いながら、毛が生えた恥丘のあたりを一真君の顔に近づけた。一真君たら、つばを飲み込んで見ている。私、指先で割れ目を開いてみた。クリトリスがムズムズしてる。きっと、硬くとがってるんだろうなと思いながら、

「ちゃんと見なさい」

と命令した。

二度発射して、少し縮みかけたおち×ちんが、また大きくなっている。一真君に、セックスの経験はあるのか、尋ねてみた。すると、ちょっと怒ったような顔をして、「ありません」と答えた。

「受験勉強で忙しくて彼女を作るどころじゃないものね」

と言いながら私は、おち×ちんを握った。はっと息を飲む一真君の顔を見ながら、ゆっくりしごいた。ベトベトしていたが、かまわない。匂いだって、いとおしく思えた。

私はオナニーばかりしている一真君に、本当の女の体を体験させてみたくなった。勢いよく立っているおち×ちんを、私、口に入れた。一真君は驚いて、

「あ、おばさん……」

とか言っている。私は、

「おばさんじゃなくてちゃんと名前を呼びなさい」

と言い直させた。そして、男の液がいっぱいついたおち×ちんをきれいに舐めた。夫には絶対にこんなことしない。でも一真君なら平気だった。舌を動かすと、口の中で、硬いおち×ちんがピクピク動いた。三分もたたないうちに、一真君は、

「だめ、出ちゃいます……」

とうわずった声をあげた。

「だめ、我慢しなさい、でないと、私のパンティでオナニーしてたことお母さんに知らせるからね」

とおどして、私は何度も発射を我慢させた。イキそうになるたびに、さっと口を離すと、唾液で濡れたおち×ちんの先がヌルヌル光っていて、とてもかわいい。私は本当にいとしくなって、一真君を押し倒した。

それから私、一真君にまたがると、自分でおち×ちんを握り締めて、アソコに押し当てた。前後にこすると、ピチャピチャ音がした。クリトリスにこすりつけると、下半身から力が抜けて、そのまま思わずズブッと挿入してしまった。一真君は、「おうう……」なんて情けない声を出している。まるで男の子を犯してるみたい。はしたない、なんて思いながらも、腰を動かす。体の奥を硬いおち×ち

んの先が突いている。すごくよかった。そんなの初めてだった。

「どう？　女の体の中に入れるのは、気持ちいい？　オナニーとどっちがいい？」

一真君を見下ろしながら尋ねると、泣きそうな顔で、

「こっちです……」

と答えた。

私はまたがったままで上半身裸になると、一真君の両手をとって、ふたつのおっぱいを触らせた。その手が、むちゃくちゃに揉み上げてくる。その不器用さがいとしかった。乳首が、痛いくらいに固くなっていた。私も確実に昇りつめていった。気持ちいい、すごく硬いおち×ちんが、アソコに入ってる、奥までズッポリ……。

私は、はしたない、と思いながらも、自分でクリトリスを弄《いじ》くっていた。もう全身で気持ちよくなりたくてたまらなかったのだ。いつもやってるみたいにコロコロころがすと、私、どんどん昇っていった。一真君が、「もうだめ、ごめんなさい」と叫ぶように言った瞬間、私はさっと体を離し、思いきりおち×ちんをしごき上げた。目の前で、噴水のように液が飛び散った。私はその液を、夢中で舐

めてきれいにしてあげた。

私は次の日も、その次の日も、一真君を犯した。そして、終わったあとで、

「さあ、これで勉強に集中できるでしょ」

なんてもっともらしい口調で言った。それは、本当に夢のような数日間だった。

私たちはお互いに、相手の体と快楽にみるみる溺れていった。

受験はうまくいき、一真君は無事に大学生になった。そしてその後、家からそう遠くないところでアパート暮らしを始めた。実を言うと、私はいまでもときどき一真君のアパートをたずねている。そして、若いおち×ちんをたっぷり味わってから、汚れたパンティをおみやげに置いてくる。私、一真君が大学で彼女を見つけるまでは、大人の女の熟れ始めた身体というものを、たっぷりと教えてあげようかなって思ってる。

だってそれは、大学じゃ教えてくれないことだもの。

第二章

快楽に身をまかせて

息子の試合出場のために身体を差し出す母親はアナル調教に苦悶の表情を……

前川啓介　会社員・二十三歳

僕は自動車販売会社で働きながら、少年サッカーチームのコーチをしています。

そのチームはずっと職場の先輩がコーチをしていたのですが、会社の都合で転勤することになったのです。そこで急遽コーチの後釜として、僕が引き受けることになりました。

実は僕自身も少年サッカーチーム出身で全国高校サッカー選手権にも出場したことがあり、それを見込まれてぜひやってほしいと頼まれたのです。まあ世話になった先輩の頼みでもあるし、子どもを教えるだけであれば問題ないと思い、引き受けることにしました。

「いいか、子どもだからってなめた気持ちで教えるんじゃないぞ。きつく感じるかもしれないが、けっして手を抜かず真剣にやるんだぞ」

そう釘を刺され、いろいろと指導のノウハウを伝授してもらい、正式にコーチとしてチームを引き継いだのです。

チームのメンバーは小学生の高学年がほとんど。いわゆる学校や企業のチームと違い、完全な私設のチームです。わりと子どもの多い地域ではこうしたチームが多く、かかる費用も選手の保護者に負担してもらうことになるため、コーチもボランティアで務めることになります。

それは仕方ないとしても、仕事が終わってヘトヘトになりながら子どもたちにサッカーを教えるのは大変です。単に技術を指導するだけでなく、実質は監督と同じなので練習の時間や場所、試合の日取りなども僕が責任を持たなければならないのです。先輩も言ってたとおり、好きでないとできない仕事には違いありません。

しかし慣れるにつれ、そういった苦労もほとんど感じなくなりました。子どもを指導するのは意外と楽しいものだし、何より上手になっていく子どもたちを見てるとやりがいを感じるのです。おかげで数カ月もすると、最初は僕があまりに若いということで不安な目で見ていた親御さんからも、すっかり信頼されるようになりました。

が、そうやって信頼を得るにしたがって、逆に困った問題も起きてくるのです。子どもを指導していれば、当然その保護者ともつながりが深くなっていきます。欠かさず練習を見にくる母親もいるし、時には保護者だけを集めて話し合いを持つこともあります。そしてそういった機会に、こっそりと相談を持ちかけられることがあるのです。

いわゆる息子のポジションを変えてくれとか、もっとうちの子を中心にチームをつくってくれとか、そういったお願いがほとんどです。たいてい相談に来るのは母親のほうで、どうしても息子に対してはひいき目で見てしまうのでしょう。

そんな場合、一つ一つ事情を説明して納得してもらうまでが一苦労です。気持ちはわからないではないけど、こちらとしても無茶な要求にいちいち耳を傾けているわけにはいかないですから。

しかしなかには子どもがかわいいあまり、とんでもないお願いをしてくる母親もいるのです。それが湯川怜子《ゆかわれいこ》さんという、三十四歳になるお母さんでした。

彼女の息子は六年生になるディフェンスの選手で、もう三年間もチームの一員としてがんばっています。しかし背が小さいうえに体も細く、チーム内ではあまりパッとした存在ではありません。おかげでいくら練習で人一倍がんばっても、これまでなかなか試合で使われることがなかったのです。

その怜子さんは、練習のある日は息子の送り迎えのためにワゴン車で駆けつけ、常にグラウンドの脇で練習を見守っている熱心なお母さんなのです。大きな声で檄《げき》を飛ばしたり、冷えた飲み物の入ったクーラーや全員分の差し入れまで持ってきてくれたりと、非常に選手全員をかわいがってくれます。子どもたちからも慕《した》われ、チームの母親的存在といってもかまわないかもしれません。

僕にとっても怜子さんの存在は実にありがたいものでした。不慣れなチーム運営に関する仕事も、彼女の手助けでなんとかやっているのが実情だったからです。

それだけに彼女の息子を補欠にしなければならないことは、多少胸が痛みました。いくらお世話になっても、これだけは実力優先だけに仕方ないのです。それでもあんなに親切にしてくれるのだから、怜子さんもそのことは割り切って子どもたちの世話をしているのだろうと、勝手に思い込んでました。

そんなある日のことでした。急に怜子さんから話があると電話があり、練習の前に二人で会うことになったのです。

練習試合を五日後に控え、てっきりそのことについての話し合いだと思っていました。しかし練習場近くの喫茶店で顔を合わせてすぐに、どうも様子が違うということに気づきました。

「実は……非常に図々しいお願いだとわかってますけど、息子を試合に使ってやってもらえないでしょうか」

正直、ビックリしました。まさか怜子さんが、こんなわがままなお願いをしてくる人だなんて思ってもいなかったからです。

「ちょっと、それは……僕もチャンスがあれば出してあげたいと思ってますけど、こればっかりは……」

そう答えると、向こうも僕以上に気まずい思いをしているようでした。僕はなるべく怜子さんを傷つけないよう諭したつもりですが、それでも彼女は引き下がりませんでした。

「そこをどうか考え直していただけないでしょうか。息子は試合で使ってもらえればもっと伸びると思うんです……」

どうやら彼女の息子は、いくらがんばっても試合に出られないことに、家でかなり不満を洩らしているらしいのです。おそらく怜子さんも、息子の実力不足をわかっていながらも、このまま中学生になってチームを抜けるまでに何とかしてやりたいと思ったのでしょう。

僕としても、怜子さんの気持ちは理解できるし、こんなことをお願いするのに相当悩んだのだと想像はつきます。しかしコーチとして、一人の選手に対するえこひいきがほかの子どもに与える悪影響を考えれば、ここは心を鬼にして突っぱねるしかありません。

そうやって二十分ほどたちました。お互い後味の悪さを残したまま僕が席を立とうとしたとき、怜子さんがジッと僕の目を見てこう言ったのです。

「お願いします。どうか……あの、もし監督さんがお望みなら、私の体でもなんでも……」

僕はすぐに、彼女の真意を読み取りました。まさか、そんなこと本気で……立ち上がろうとしたのも忘れ、まじまじと彼女の顔を見つめてしまいました。

正直言って、怜子さんはかなりそそるタイプの女性だったのです。もうすぐ中学生になる息子がいるのにそうフケてもいないし、間違いなく並以上のキレイさでした。たとえていえば小宮悦子《こみやえつこ》さんタイプの美人という感じでしょうか。

それに体も、一目でわかる抜群の巨乳ぶり。たぶん九十センチは超えてるだろう突き出した胸に、グラウンドの脇に目を奪われてしまうことがたびたびありました。母親にしておくのはもったいない、色気たっぷりの女性なのです。

もっとも、コーチと選手の母親という関係上、二人になる機会があってもきちんと一線を引いてきました。どんなに人妻のフェロモンに惑わされそうになっても、です。

それがこうして、向こうから頭を下げて体を差し出してきたのです。こうなってしまったからには……僕は必死に頭を働かせ、ゴクリとつばを飲み込みました。ここまで言うからには、向こうも最初から覚悟を決めていたに違いありません。

「さっきおっしゃったこと……本気なんですね？」

「はい。息子のことを考えていただけるのなら……」

そこまで聞けば十分です。僕は彼女の手を取り、彼女が乗ってきたワゴン車の中に二人で入りました。

後部座席に移動し、邪魔が入らないようカーテンを閉めます。そしてズボンとパンツを脱ぎ捨てました。

「じゃあ、とりあえずこれをしゃぶってもらおうかな」

ピンとペニスが飛び出しました。怜子さんは腰を下ろした僕の膝の間で、黙ってそれを見つめています。

「ほら、すごいでしょう。上手にしゃぶれたら、息子さんのことは考えてあげますから。いいですね？」

「はい……わかりました」

ゾクゾクするような色っぽさです。これも息子のためという切なさの混じった表情に、またたまらなく興奮させられるのです。

怜子さんはそっとペニスの根元を握り、唇をかぶせてきました。たちまち亀頭が生温かいぬめりに包まれます。

「ああっ、怜子さん……」

美人妻のフェラは最高の味でした。意外とテクニックもあり、口の中で柔らかく舌が絡みついてきます。ひょっとして僕の言葉を真に受けて、いつも以上にがんばっていたのかもしれません。

たまらない気持ちよさを味わいながら、怜子さんの胸に手を伸ばしました。あの憧れていた巨乳を、とうとう自分のものにできるのです。服の中に手を潜り込ませ、ブラジャーに包まれた大きな膨らみを、ギュッと握り締めました。

「ングッ……」

彼女は喉を鳴らしながら、無言でフェラをつづけました。温かくて弾力のある、たまらない柔らかさです。やっぱり熟れた女性は肌触りもいいし、揉み応えもあります。

だんだんと怜子さんの口の動きが激しくなってきました。顔を上下に振りながら、根元を持つ手も一緒に動かしてきました。自然と腰が浮き上がってきます。

「ああ……じゃあ、そろそろイキますよ。いいですね」

僕は怜子さんの頭を押さえつけ、グッと腰を突き出しました。亀頭が喉の深いところまで届き、すぐに強烈な快感が襲ってきました。そのまま遠慮することなく、ドクドクと射精してしまいました。

「ングッ、ンンッ……!」

うっとりと射精している間、怜子さんは苦しそうに鼻から声を洩らしていました。しばらく頭を手で抱えたまま、震えが収まるまでたっぷりと時間をかけて、精液を口の中に絞り出してやったのです。

「ふぅ……ちゃんと飲むんですよ。いいですね」

僕が言うまで、精液はドロリと口の中に溜まったままでした。彼女はしっかり目を閉じたまま唇をすぼめると、ゴクリと喉を鳴らしました。

「そうそう、ちゃんとできるじゃないですか。これからいまみたいに僕の言うことはちゃんと聞くんですよ。いいですね」

「はい……」

彼女は唇を離すと、ハンカチで濡れたペニスの後始末までしてくれました。最後に念を押すように、「今度の試合……ぜひお願いしますね」と言ってきた怜子さんに、僕は内心ニヤッとしていました。ここまで素直に尽くしてくれたからには、そう簡単に甘い顔を見せないほうがいいと判断したのです。

「それは怜子さん次第ですね。決めるのは僕ですから、これからも僕の言うことを聞いてくれたらずっと試合に使ってあげますよ」

そう言うと彼女は複雑そうな表情で、それでも僕に頭を下げてくれるのです。まったく、子どもをエサにすると、人妻というのは簡単に言いなりになってしまうものだと改めて実感しました。


彼女の体を何度か味わい、その五日後の練習試合、約束どおり彼女の息子は先発で出場させました。事情を知らない本人は素直に喜び、張り切っていました。また試合のほうも勝ち、彼の活躍も期待以上のものでした。もしかしたら怜子さんの言うとおり、実戦で力を発揮するタイプだったのかもしれません。このぶんなら次からもレギュラーで使って問題ないというところでしたが、ここまできたら、怜子さんの体を楽しむためにもったいつけてやるしかありません。

なにしろとびきりの巨乳なうえに締まりもよく、フェラのテクニックも抜群。特にそそられるのが、恥じらう表情と喘ぎ声です。激しく責めてやるときの泣くような声は、何度聞いても飽きることはありません。こんな年上美女を言いなりにできるのだから、まったく彼女の息子には感謝しないといけないでしょう。

ほぼ週に二回、僕たちは人目を避けて密会します。ホテルに直行するときもあれば、時にはワゴン車の中で、また家族のいない自宅で抱いたこともあります。

「まだまだですね。あの程度じゃ、そう簡単に試合に出させてやるわけにはいきませんから」

何度抱かれても、その殺し文句で僕の要求を拒《こば》めなくなるのです。中でもSMプレイは、彼女がいやがっているだけに一番の楽しみです。

その日は、僕の部屋に怜子さんを連れてきました。ロープも用意してあります。まずは全裸にさせ、両手を後ろ手に縛り上げてから、ギリギリと豊満な肉体に真っ赤なロープを巻きつけてやります。

彼女の体はいい具合に脂肪がついているので、ロープがきっちり肉に食い込むのです。特に胸は根元に巻きつけて、きつく縛ってやりました。

「そんなにきつく縛ったら痛いです……」

彼女は苦痛に顔を歪めました。そんな痛がる顔も、また色っぽいのです。

巨乳はすっかり形を変え、ロープの中からくびり出ています。そんな充血してパンパンに張った膨らみを、力を込めて揉んでやりました。

「ううっ、お願いします、もっと優しくしてください」

「うるさいな、少し黙ってろ」

お仕置きに、乳首をギュッと握りつぶしてやりました。

「あうっ……！」

彼女が体をよじらせると、だんだん縄がきつく食い込んでいきました。そうやって責めているうちに首筋や腋の下から汗がにじんできて、それがまたいい香りなのです。

汗が光る体を、今度は四つん這いにさせました。顔を床に伏せさせて、お尻を高く突き出させます。

胸に劣らず、お尻もなかなかボリュームがあります。この白くてムチムチした肌は触り心地だけでなく、見るからに叩きがいもありそうです。

「よーし、今日は尻も叩いてやるからな」

と、突き出したお尻に、おもいっきり手のひらを打ちつけてやりました。

「あーっ！」

ピシャーンという、派手な音が響きました。悲鳴を出させないよう彼女が脱いだ下着で猿ぐつわをして、さらに何度も叩いてやりました。

激しいスパンキングを受けて、怜子さんは悶《もだ》えながら体をよじっています。猿ぐつわの中からは、ンーンーという声しか聞こえてきません。真っ白な肌はみるみる真っ赤に染まって、さらにその上から強烈な一撃を食らわせてやるのです。

「どうだ、わかったか。アンタは息子のために尻を叩かれるメスブタなんだよ」

そう言葉で責めながら二十発ほど叩いたところで手を止め、猿ぐつわをはずしてやりました。

彼女は涙がこぼれ落ちそうな目で、ジーッと恨めしそうに僕を睨《にら》んでいます。しかし出てくるのは、「はい、わかりました……」という言葉です。

ここまで年上美女を服従させることができて、僕は最高の優越感に浸っていました。そして今日はもう一つ、特別のプレイ用の器具を用意してありました。わざわざショップに出向いて買ってきた、ガラス製の浣腸器です。

これみよがしにそれを見せつけながら、これを使う目的を教えてやりました。今日は念願のアナルセックスを実行してやるつもりだったのです。

「そんな、お尻の穴で……」

「なんでも言うこと聞くんだろ？ イヤならそれでもいいんだぞ。できなけりゃ息子はまた補欠に逆戻りなんだからな」

いつもの殺し文句に、彼女はすっかり観念してしまったようでした。ここまできたら抜け出すことはできないと、すでに諦めているのでしょう。

「わかりました。どうぞ好きにしてください」

わかりきっていたといっても、この言葉を聞くのは快感です。さっそく一緒に買ってきたグリセリン液を水で薄め、浣腸器の中に注入しました。そして赤く腫れ上がったお尻の谷間から肛門をさらけ出させると、そこにズブリと先端を差し込みました。

まず一本目は軽く入ってしまいました。まだまだ余裕があるようです。少し水で薄めすぎたかなと思い、今度はほとんど原液に近いまま注入してやりました。

「ああーっ……！ もう、もうきついです。お腹の中が……」

「まだ我慢しろ。あと二本はいくからな」

急に苦しみだした彼女を無視して、グリセリンを使いきるまで浣腸をつづけました。

肛門がいまにも破裂しそうにヒクヒク動いています。脂汗なのか、体中がヌラヌラと濡れてきました。

「出させてください、お願いします。もう我慢できません……」

あまりに苦しそうなので、ロープを引っ張ってトイレまで連れていってやりました。彼女はよろけながらトイレにたどり着き、僕の命令で便座の上にしゃがみ込みました。

「あっ、もう……出そう。お願い、見ないでください、ああっ」

美女の排泄はどんなものなのか、ワクワクしながら見守りました。

背中を向けたお尻から、ドドーッと水しぶきが下に向かって飛び出しました。便器の中から激しい音がして、ボトボトと茶色の塊も一緒に落下していきます。漂ってくるひどい臭いに、僕は顔をしかめました。まぁわかっていたとはいえ、どんな美人でも出すものは変わりないということです。

「ちゃんと最後まで出しとけよ。少しでも残ってたらこっちが汚れるんだから」

「はい……わかりました」

手を縛り上げられた彼女に代わって、僕がお尻の汚れを拭き取ってやりました。浣腸を終え、トイレを出たころには少し落ち着いたようです。何も言わず、素直にお尻を突き出してきました。

排泄したばかりの肛門は少し緩んでいるようです。うっすらとまわりに毛が生えたそこを指で揉むと、ジワジワと穴が広がって人差し指が中に入ってしまいました。

「あっ、うう……！」

中は思ったよりきつく、指一本でもかなり締めつけてきました。

「じっとしてろよ。いきなりじゃ痛いだろうから、少しずつ広げていってやるから」

そうやってアナルの中を揉みほぐされると、彼女は小さく声を上げはじめました。もちろん快感を味わっているのではなく、異物感に顔をしかめているのでしょう。ついでにその下の割れ目の中にも指を潜り込ませてやりました。

「あっ、ああ……」

「なんだ、こっちは気持ちいいのか。ちょっといじられたぐらいでスケベな声を出しやがって」

膣の中で指を動かしているうちに、まわりの肉がジワッと濡れてきました。二つの穴をいっしょにグリグリかきまわしてやると、さっきとは変わってお尻を揺すりながら喘ぎはじめたのです。

そして彼女がイキそうになる前に、ヌポッと指を引き抜きました。

「そろそろいいかな。こっちは気持ちよくさせるためにやってるんじゃないんだからな。いいか、どんなに痛くても我慢するんだぞ」

僕も服を脱いで、まずはフェラチオをさせました。すべりをよくするために、たっぷりと唾液をまぶさせます。

「うんっ、んん……」

相変わらず彼女のフェラチオは絶品です。上下に忙しく動く舌先を見ているうちにこのまま発射したくなってきましたが、そこは我慢して口からペニスをはなしました。

「あの……お願いですから優しくしてください。そっちは初めてなんです……」

そんな言葉を残して、肛門を差し出してきました。

僕は慎重に亀頭を肛門にあてがい、狙いを定めました。どう見てもこんな太いものが入りそうにない穴を、むりやり犯そうとしてるのです。きっと彼女は怯《おび》えながらお尻を突き出しているに違いありません。

「いいか、いくぞ。力を入れるなよ。入れたら痛いからな」

「はい……あっ、あぁっ！」

グッと腰を突き出すと、こじ開けるように亀頭が中に潜り込んでいきました。たちまち唾液でヌメッとした感触と、膣よりも強烈な締まりが襲ってきました。

「ああーっ！　痛い、ダメ、痛いです！　それ以上は……あーっ！」

彼女の悲鳴もお構いなしに、さらに腰を押し進めました。奥まで挿入してしまうと、ベタついた粘膜が根元まで包み込んできました。

「あーっ……これがアナルセックスか」

とうとう怜子さんのアナルを犯してやったのです。何とも言えない征服感が、ジワジワと僕の中に湧いてきました。これで怜子さんの穴という穴をすべてものにしてやったのです。

僕は慎重にゆっくりと腰を動かしました。ググッと腰を引くと、また彼女の口から悲鳴が聞こえてきました。

「どうした、痛いか？　え？」

「お願い、もう動かないで……お尻が裂けそう……」

と、涙声で訴えてきました。見ると、肛門のシワシワがいっぱいに広がって、少し血のような赤みがペニスについて出てきました。

それを見てまた興奮してきて、巨乳を揉みながら腰を使いました。

「あっ、ああっ、うう……」

怜子さんも、悲鳴ではなくうめき声を上げながら耐えていました。

肛門の中が滑らかになり、ペニスの出入りもスムーズになってきました。ムッと漂ってくる甘ったるい体臭を嗅ぎながら、じっくり快感を味わいます。膣のようにからみついてくるヌメヌメした感触はありませんが、締まりといい奥の広さといい十分に使える穴です。

「よし、これからもずっとこっちの穴でしてやるからな」

そう勝手に決めて宣言し、いよいよ射精に向かって腰を動かしはじめました。

激しくなったペニスの抜き差しに、また彼女は悲鳴を上げはじめました。

「イクぞ、いいな……ううっ」

おもいっきりペニスを奥まで突っ込んで、そのまま肛門の中に射精しました。

精液が吹き出している間、ヒクヒクと肛門が収縮していました。まるでこのまま抜かれてしまうのが名残惜《なごり》しいというような動きです。

ヌルッとペニスを引き抜くと、怜子さんの体が支えを失ったように崩れ落ちました。

さぞかし苦痛だったらしく、顔は涙でクシャクシャです。初めてのアナルセックスは、強烈な体験だったことでしょう。

「どうだった？　え？　また次も尻の穴でしたくなっただろう？」

ロープを解きながら、耳元でそう尋ねてやりました。彼女は線の残った肌を手でさすりつつ、黙って目を伏せています。

「次を楽しみにしてろよ。今度はもっと激しくやってやるからな」

「わかりました……息子のこと、よろしくお願いします」

そう言い残して、彼女は家族の待つ自宅へと帰っていきました。

現在、彼女の息子はレギュラーで試合に出場しています。しかも実力を認められ、スポーツで有名な中学への進学も決まりそうなのです。これからもプロになるまでずっとサッカーをやっていきたいと僕に向かって明るく話してくれました。

が、その母親にとっての代償はあまりに大きかったと考えるべきでしょう。いまも彼女は僕の奴隷になっているのですから。

夫以外に男を知らない貞淑奥さまを激しい突き上げで絶頂に……

清水峻　会社員・二十七歳

まったく、女は恐いということを改めて実感した出来事でした。

その日はかなり蒸し暑い一日でした。一人暮らしの私は、仕事が終わるとたいてい近所のスーパーに寄っていきます。いい年して恋人もいない身では仕方ありませんが、束縛されるのが嫌いな性分には、自炊生活も気楽なものです。

そして一通り買い物を済ませ、駐車場に戻ってみると、私の車の手前に一人の女性が立っているではありませんか。見たところ、年のころ三十ほど。髪の毛をきれいに結い、スッキリしたなかなか日本的な美しい顔をしています。それが遠目から見てもわかるほど、困ったようにうなだれているのです。

私はどうしたんだろうと思いつつ、ビニール袋をぶら下げながら車に戻りました。

「あの、このお車の持ち主の方でいらっしゃいますか？」

「え？　ええ。そうですけど」

私の姿を見るなり、彼女はいきなりそう話しかけてきました。そして私が驚く間もなく、今度はその場で深々と頭を下げられてしまったのです。

「実は、大変申し訳ないことをしてしまって……」

もちろん私にはわけがわかりません。しかも、周りには人も大勢います。何事かとジロジロ見つめられるなか、私はとりあえず彼女の頭を上げさせ、どういうことかと事情を聞きました。

そこで目に入ってきたのは、車体に走った横キズ。隣に停めてある彼女の車と接触してしまったのです。

「私の不注意で、このようにこすりつけてしまいまして……どうかお許しください」

「ああ、そうだったんですか。それはそれは……」

言われても、僕は頭を掻くしかありませんでした。

なにぶん無頓着な性格で、車のキズなど慣れっこだったものですから、きっとそのまま逃げられていてもしばらくは気づかなかったことでしょう。それに私の車は中古で買った国産車で、彼女のはなんとベンツ。立派な黒い車体についたキズを見て、私など逆にかわいそうにと同情してしまいました。

それにしても、ベンツに乗って買い物にくる御婦人というのも、なかなかお目にかかれるものではありません。おそらくは旦那さんのものなのでしょうが、かなりリッチな暮らしをしているのでしょう。服装も高級そうなブランドもので、物腰も上品そのものです。きっと、大学を出た箱入りのお嬢様で、どこかのボンボンとお見合い結婚したんだろう……青くなっている彼女の前で、勝手にそんな想像をしていました。

とりあえず示談にすることでその場はまとまったのですが、彼女は律儀な性格らしく、望む限りのお詫びをしたいとのこと。

「いえいえ、そんな大げさに考えないでください。これくらいのキズ、大したことありませんから」

そう言っても逆に恐縮するばかりで、私のほうもちょっと気が引けてしまいましたが、まぁ修理代として数万円もいただければこちらとしても文句はないところです。そこで後日、見積もりを持って話し合いをすることにして、その場は別れました。

いやいや、大変な一日だったとアパートに帰ってビールを飲みながら、そのことを思い返しました。頭にチラつくのは、不安そうにうなだれていた彼女の、なんとも言えない気品に満ちた美貌です。憂《うれ》いを帯びた表情が美しく感じられる女性というのは、女優さんでもそうはいないでしょう。

これまでの私の恋人といえば、大学時代から頭が軽くて遊び好きな女ばかりでした。私もいいかげんな性格ですから、お互い遊んでセックスして飽きたらおしまい。そんな調子です。それだけに、今後永久に出会う機会はないであろう貞《てい》淑《しゅく》を絵に描いたような美女に、ムラムラと欲望を感じたのです。

そうだ、これは利用すると、うまくいけるんじゃないだろうか……不意に、ある考えが頭に浮かびました。あそこまで律儀で生真面目な女性なら、うまくやれば修理代の代わりに体をご相伴《しょうばん》できるかもしれない。

おそらく酔いにも助けられたのでしょうが、もうそれを実行する気になっていました。あんな美人の人妻と不倫ができるのなら、多少のリスクは覚悟のうえです。

そして、約束の三日後。

待ち合わせ場所の喫茶店に、彼女は薄く化粧をして現れました。相変わらず生活臭さを感じさせない、しっとりとした美しさです。何人かの周りの男性も、通り過ぎる彼女に思わず目を魅かれていました。

「実はですね、奥さん」

私はのっけからそう切り出しました。重い口調に、彼女は身を乗り出してきました。

「率直に言って、お金はいりません」

「そんな、困ります。だったら修理代は……」

そこで彼女の言葉を遮《さえぎ》ると、じっと目を見つめながら言いました。

「だから代わりに、奥さんの体をいただきたいと思うんですよ。いかがでしょうか」

「まあ……」

あまりにストレートな言い方に驚いたのか、それっきり彼女は絶句してしまいました。視線を下に落とすと、うっすらと頬を赤く染めているのです。

まるで十代の少女のような反応に、私はなぜか興奮しました。不快感を露《あらわ》にするでも軽蔑するでもなく、ただうつむいたまま恥じらっているのです。当然、これは脈アリだと判断するしかありません。

「少なくとも私は被害者なんですから。誠意を持って応えるのが当然というものでしょう？　それに望む限りのお詫びをするとおっしゃったのはあなたじゃないですか。だったら、そのとおりにしてもらわなくちゃ」

温室育ちの彼女には、こんな無理な言い分も跳ねつけることはできません。

「それだけはご勘弁ください……」

と何度も拒否されても、私はしつこく食い下がりつづけました。

そして三十分後、とうとう彼女は根負けしました。渋々ながら、私の望みに応じてくれることを了承してくれたのです。

「あの……誤解なさらないでもらいたいんですけど、私、浮気なんて一回もしたことないんです。だから……」

「大丈夫、これは浮気なんかじゃありませんよ。ただ修理代を体で払ってもらうだけなんですから。まぁ深く考えずに、お互い楽しむつもりでいきましょう」

軽口を叩きつつラブホテルに入っても、なおも彼女は不安げでした。ひどく緊張した様子で、こういうところに入ったのも初めてだと告白したのです。

「本当に？　男性経験は？」

「それが……主人しか知りません」

まさに、驚くべき貞淑ぶりです。学生時代から一度も男とつきあったことがないまま結婚し、セックスもいままでは月に数度。それに旦那はかなりの早漏らしく、これまで三十二年の人生で、エクスタシーを経験したこともないというのです。

これでは緊張するのも無理ないことでしょう。そこで今日は、私が楽しむだけでなく、彼女に本当のセックスの悦びを教えてあげようと決意しました。もし私のテクニックで絶頂を体験させることができれば、男としても勲章ものです。

シャワーを浴びてきた彼女は、体にバスタオルを巻いたまま黙ってベッドに横たわりました。天井を見上げる目もうつろで、なかなか体を開いてくれようとしません。

「……本当にこれ一回だけだと約束してくださいますね」

「ええ。でも、そのぶん楽しませてあげますよ」

彼女の脇に体を寄せると、そっとバスタオルに手をかけました。前を開くと、現れたのはなかなかスタイルのいい体です。肌が白く、胸も垂れることなくふくよかに盛り上がっています。

私がしげしげと乳房を観察していると、それだけで彼女は恥ずかしげに顔を背けてしまっています。

「あの、電気を消していただけないでしょうか」

「なぁに、たまには明るいところでするのもいいもんですよ。奥さんの体もよく見えるし」

「そんな……」

いつも暗闇でセックスしているのであれば、相当抵抗はあることでしょう。しかし彼女は男性に身を任せることが身に染みているらしく、私のすることに逆らったりしません。

まずは緊張を解きほぐすべく、ゆっくり時間をかけて乳房を愛撫しました。二つの膨らみを、乳首を指先で転がしながらたっぷりと揉みしだきます。優しく愛撫しながら、私も熟れた柔らかな手触りを楽しみました。

彼女は相変わらずじっと天井を見上げたままですが、さっきより目を細め、うっとりした表情です。

「どんな感じですか？」

「ええ……なんだか変な気分です。体が熱くなってくるような……」

と、まだ胸を揉んでいるだけなのに、なかなかいい反応です。

さらに乳首を口に含むと、チューチューと吸い上げました。褐色の突起は硬く膨らんでいます。そこを舌先で弾くと、彼女の口からも小さな喘ぎ声が洩れてきます。

「んん……んふっ」

胸に顔を埋《うず》めていると、石鹸の香りに混じって、ふんわりと生肌のいい匂いがしてきました。だんだんと体の固さがほぐれてきたのを見計って、今度は首筋を通って唇に舌を這わせました。

キスを求めると、彼女は目を閉じて唇を差し出してくれました。唇を重ね、舌を入れます。最初は彼女もおとなしかったのですが、次第に慣れてきて私の首に手を回すと、積極的に舌を絡めてくるのです。

「はぁっ……こんなキスしたの初めて。頭の中がボーッとしてくるみたい」

照れたように笑う彼女の頬も、うっすらと染まっていました。

なおもキスを求めてくる彼女に応え、私は激しく舌を貪りました。驚いたことに、下になった彼女は溢れてきた唾液も口に受け、そっと飲み下しているのです。時折苦しげに舌を引っ込めては、ゴクンと喉を鳴らし、また待ちきれないふうに唇に吸いついてきます。見かけによらず、なかなか情熱的なタイプなのかもしれません。

ここまでくれば、彼女のためらいも消えてなくなるはず。私はバスタオルを完全に剝ぎ取り、全裸にしてしまうと、柔らかく肉づいた下腹部とオマ××に手を伸ばしました。

「ん……」

彼女の体がピクッと震えましたが、キスに夢中で拒《こば》むことはありません。

掌には、なかなか豊かに生え広がった繁みの感触が伝わってきます。その下には、縦に割れた亀裂が走っていました。

「濡れてるじゃないですか」

指先には、早くもヌルリとした手触りがあるではありませんか。軽くそこを撫で回しただけで、彼女は鼻にかかった色っぽい喘ぎ声を出してきました。

「ごめんなさい。どうしてかしら……主人とするときはこんなふうじゃないのに。いやらしい女だって軽蔑してません？」

「いえいえ、いやらしい女性は大歓迎ですよ。もっと感じてください」

話している最中も指を使うと、トロトロと液体が陰唇の外側に滴《したた》ってきました。

「どうです、今度はここを舐めてあげましょうか」

わずかに首を振って見せましたが、すっかり気分は出来上がっているようです。

私は遠慮なく彼女の下半身に顔を寄せ、足を開かせました。

「恥ずかしいわ。こんな格好、主人にも見られたことないのに」

彼女は声を震わせながら、顔を手で隠してしまいました。しかし足を閉じようとはしません。しっかりと私に、濡れたオマ××を見せてくれました。

なんとも艶《なまめ》かしい、濃い恥毛に囲まれた熟れた陰唇です。割れ目は乳首に近い褐色に染まっていましたが、中には鮮やかなピンクがのぞいていました。それが濡れて、テカテカと輝いているのです。

「きれいですよ、すごく。魅力的な眺めです」

「イヤですわ、そんなふうにほめられるなんて……あっ！　ああ、そんな……」

私は早くも彼女の股間に顔を埋《うず》めていました。ムッとくる匂いが鼻につき、愛液のネバついた舌触りが口の中に広がります。

「はあっ、ああ……うぅん……」

舌の動きに合わせ、彼女は悶《もだ》え始めました。クリトリスを唇にはさみ、舌で転がしてやります。さらに指も膣に挿入し、グチュグチュとピストン運動。

「おおっ、おっ、うーん……！　ううっ」

膣内をかき回す乱暴な愛撫も、年上の熟れた肉体は快感として受け止めています。彼女はベッドの上で背筋をのけ反らせ、悲鳴を上げるばかりです。

しかし、そんなに簡単に満足させてはもったいない。そこでひとまず愛撫を止め、今度は私が楽しませてもらうことにしました。

「さぁ、これを咥えるんですよ」

目の前に、ピンとそそり立つペニスを向けてやります。彼女はまだ息を喘がせていましたが、それにオドオドと視線を送ってきました。まずは手を導き、根元から先端まで触らせてやります。

「ご主人にしてあげたことは？」

「いいえ、一度も……でも、やってみますわ」

そう言うと、彼女は素直に亀頭を口に含んでくれました。

三十を越えた人妻でありながら、初めてのフェラチオ体験です。どうしてよいのかわからないらしく、たどたどしい舌の使い方でした。もっとも、素直に私の言うことを聞いてくれるので、首を振ったり舌を絡めたりと、すぐに男を悦ばすコツを身につけたのです。

「そう、そうですよ……ああ、いい気持ちだ」

私が上ずった声を上げると、彼女は頬を染めつつ、嬉しそうに咥えたモノにしゃぶりついてきました。

それにしても、夢中でフェラをする美貌の人妻というのはそそる眺めです。彼女の赤く濡れた唇から私のペニスが出入りし、時にピンクの舌先を根元から上下に這い回らせたりと、積極的になってきました。

「よし、もういいですよ」

私がそう言うと、彼女は大きく息を吐きながらペニスから口を離しました。

「上手でしたよ。いかがでした、初めてのフェラは？」

「うーん……ごめんなさい。正直、口に含むまでは汚いと思ってましたけど、舌を使ってるうちになんだか夢中になっちゃって……」

彼女はなおも名残《なごり》惜しそうに視線をペニスに送ってきました。

「まだお楽しみはありますよ。そっちを先に、ね」

私は彼女の体をベッドに横たわらせ、その上に体重をかけました。かなりねちっこい前戯に、彼女もすっかり私を受け入れる覚悟ができているようです。

「じゃあ、そろそろいきますよ。いいですか？」

「はい……ああ、主人以外のモノって、どんな感じなのかしら」

まさか彼女の口から、こんな言葉が発せられるとは思いませんでした。すでに彼女は足を開き、私の体を受け入れる体勢です。むき出しの陰唇がネトッと糸を引きながら左右に割れ、自分から腰を引き寄せてきました。

そのまま彼女の両足を抱え、ググッとペニスをオマ××の中に挿入しました。その瞬間、熱く濡れた穴がキューッと亀頭を締めつけてきました。

「ああっ！　すごい、もう……こんなに太いのが……」

「ああー……奥さんの中もすごいですよ。とろけてしまいそうです」

そう、彼女のオマ××はまさに絶品でした。まるで十代の女の子のような締まりと、ペニス全体に吸いついてくるような内部の蠢き。初めて潜り込んできたペニスを歓迎するかのように、激しくまとわりついてくるのです。

これでは旦那が長くもたないのも納得できますが、私までそうではみっともありません。まずはゆっくりと慎重に腰を使い、次に慣れてきたらズコズコと、彼女のオマ××の奥まで激しく突き上げました。

「あっ、あっ、いい、いい！　もっと、もっと突いてください、もっと」

そうやってリズムや突き上げる角度を変えているうちに、彼女の隠れていたメスの本性が現れてきました。淫らなお願いが次々と口をつき始めると、さらにひと突きごとに悲鳴を上げ、狂ったように悶え、とにかくすごい反応でした。

「ああーっ！　もう、もう死ぬ、死んじゃう！　あーっ！」

これほどまでに大声で悶える女性は初めてでした。彼女は半狂乱で髪の毛を振り乱し、私にしがみついてきます。

「あーっ！　おっ、おっ、ううーっ！　クゥーッ！」

その動物じみた悲鳴と共に、下になった彼女の体が大きくのけ反りました。おそらくは、自分でもいまどんな状態か頭では理解できなかったのではないでしょうか。初めて経験した絶頂は、かなり強烈な刺激を体に送ったみたいです。

しかし、私にはまだ余裕がありました。緩やかに腰を使い、彼女を再び悶えさせます。

「まだまだですよ、ホラ」

「あっ、あっ！　そんな、ああーっ！」

彼女が二度目の絶頂を迎えるころには、私も限界でした。射精の一歩手前で素早くペニスを引き抜いて、彼女の口元にもっていきました。

「飲むんですよ」

「んくっ、んっ……！」

濡れたままのペニスを咥えさせると、そのまま口の中に爆発させせました。彼女は吹き出てくる精液を、しっかり唇をすぼめて喉奥に受け止めています。そのまま半分気を失った状態で、ゴクリと飲み下してしまったようです。

「ああ……素敵でしたわ。こんなに気持ちいいものだなんて……」

事を終えてから、全裸でしなだれかかってくる彼女に、私は「でしょう？」と得意げに言葉を返しました。よほど満足したのか、彼女はいつまでも離れようとせず、熱っぽい言葉を囁いては私に身を預けてきました。たまには年上の女に甘えられるのもいいもんだと、私はいたってのんきにタバコをふかしていたのです。

時間まで休憩をとると、私たちはホテルを出てその場で別れました。別れ際、彼女は元の初々しい人妻の顔で、頬を染めながら頭を下げてくれました。もちろん私も、いつになくスッキリした気分で家路についたのは言うまでもありません。

しかし、大変だったのがそれからです。

数日後、まず、私の住まいに車が送られてきました。いままで乗っていたボロ国産車とは比べものにならない、高級な外車です。さらにスーツや靴、腕時計、ワインなど。会うたびにプレゼントとして手渡され、そのすべてが一流ブランドや高価な品物ばかりです。

密会の誘いも、もっぱら暇を見つけては彼女から頻繁に連絡してくるようになりました。それだけではありません。時には私のアパートまで押しかけ、世話女房のように食事や掃除、洗濯をこなしては、私を終生の恋人だと決めつけて迫ってくるのです。

さすがにここまでくると、私も困惑の度合いを深めるばかりになりました。もはや優雅なツバメを気取っている余裕もありません。二人きりになって、はにかみながらプレゼントを手渡されるまではいいのですが、それから先は私の手に負えないところになってしまうのです。

まず高級なホテルに誘われて食事をするまではいいのですが、部屋に入った早々、人が変わったように私の体を求めてくるのです。

「お願い、四日間も待ちきれなかったの。早く抱いてください」

彼女はすぐさま服を脱ぎ捨て、ベッドに私を導きます。

「奥さん、そんな焦らないでくださいよ。とりあえずシャワーでも……」

「イヤ、すぐがいいの。シャワーなんかいいから、すぐ、すぐしてください」

ホテルに入るまでの気品に満ちた態度が信じられない強引さで私の上にのしか

かり、唇に吸いついてきました。同時に、プンと濃厚な香水の匂いが漂ってきます。身につけている下着も、黒の派手なレースのやつでした。

そうしながら彼女は私の下半身に手を伸ばし、慣れた手つきでズボンを脱がせてきます。

「まぁ……いつも硬いのね。嬉しいわ」

ペニスを探り出すなり、彼女は嬉しそうに目を輝かせて頬ずりをしてきます。そうやって匂いや硬さを確かめると、亀頭に舌を伸ばしてくるのです。

正直、私もここまで彼女が変わってしまうとは思いもしませんでした。見かけが派手になっただけでなく、ペニスを貪る姿はセックスに飢えた淫乱女そのものなのです。出会った当初の貞淑な人妻の恥じらいは、もはや見る影もありません。

「うん……おいしい。峻《しゅん》さんのチ×ポ、とってもおいしいの。たまらないわ」

そんな下品な言葉を吐きながら、夢中で亀頭から根元までペロペロ舐め尽くすのです。さらに私が冗談半分でやらせてみたアヌス舐めも、いまではまったくためらうことはありません。自分でもそこはどんな臭いがするかわからないのに、喜々として尻の谷間に顔を埋め、肛門に舌を這わせてくるのです。

「ああっ……お、奥さん、そこはもういいですよ」

「ダメッ、峻さんのお尻の穴もおいしいの。もっと舐めさせて」

彼女は私の下半身を押さえつけ、肛門の中にまで舌を尖らせてきました。くすぐったく、それでいてムズがゆい快感ではありますが、あまりに激しく舐められるために恐ろしささえ感じるのです。

そして再びペニスを咥えては、ジュルジュルと音を立てながらの激しい吸引。顔を勢いよく上下に振り、唇の端からはダラダラと唾液を滴り落としています。あまりの強烈フェラに、腰を引きながら彼女の頭に手を置いていました。

「ああー……そんなに激しく吸われたら、口の中でイッちゃいますよ」

「んんっ、ん……まだ、まだイッちゃダメよ。もうちょっと我慢して」

そう言うなり、彼女は私の腰の上にまたがってきました。自分でペニスを握り、その上にズブリとお尻を落としてきました。

「ああーっ！　いい……待ってたの、これ。太いチ×ポ、気持ちいい……」

一気に根元まで入ってしまうと、すぐさま腰を振り始めます。私の上でユサユサと乳房が縦に揺れ、お尻がペタンペタンと打ちつけられます。汗ばんだ体は、香水と混じって甘酸っぱい匂いをまき散らしていました。

「いいでしょ、ね。私のオマ××、もっと突き上げていいのよ。ああっ……チ×

ポの先で子宮の奥までかき回して！　もっとメチャクチャにして！」

「ううっ、奥さん、もっと落ち着いて……これじゃ体が壊れちゃいますよ」

しかし、燃え上がってしまった彼女を抑制することなどできないのです。

女性上位のまま激しいピストン運動が続けられるうちに、私の足のつけ根にも痛みが走るようになってきました。遠慮なしに体重をかけられ、何度も強くお尻を落とされるのですからたまりません。

「今度は峻さんが上になって。早くイカせてちょうだい」

彼女の望みどおり、今度は私が上になりました。体勢を立て直す際も、オマ××の襞がペニスにキュッと吸いついて離れようとしません。無意識の体の反応なのかもしれませんが、男を喰い尽くすような女体の貪欲さそのもののように思えました。

「あっ、あっ、そう、その動き……いいわ、もっといっぱい突いて」

私はいつもどおり、ゆっくりと激しく、両方の動きを使いながら彼女を責めたてます。こうなると、彼女はますます乱れるばかり。隣の部屋に聞こえてしまうほどの絶叫をほとばしらせ、短い間隔で何度も絶頂に達してしまうのです。

「ううっ、僕もイキそうです」

フィニッシュは、口内発射と決まっていました。精液の味を忘れられない彼女は、ためらうことなくネバついたペニスを咥えます。

「ううっ、出る……！」

そのまま口をすぼめさせ、滑らかな口内でのピストン運動。すぐに背筋に痺れが走って、大量の精液がほとばしりました。

「おいしい……峻さんの精液って、どうしてこんなにおいしいの……」

たっぷり時間をかけて指と口でしごかれ、一滴残らず絞り出されました。唇の端の白いものをペロリと舐め取りながら、なおも縮んできたペニスから口を離すことなく舌を使ってきます。

「ああ、もういいですよ。そんなにされると……」

「あら……また大きくなってきたじゃない。嬉しいわ、もう二回くらいはできるんでしょ」

再び勃起したペニスを目に、彼女は嬉しそうに微笑みました。ゾクッとくるほど妖艶でしたが、私にはそれがまた恐ろしいものにも見えるのです。

それからも私は彼女が望むまま、何度も何度も喘ぎ声を響かせ、男のエキスを放出しつづけました。彼女が満足するころには、もうクタクタで容易に立ち上ががることさえできません。

その後、彼女は自宅近くにある高級マンションの部屋を用意してあげると誘ってきました。しかし、もしこれ以上彼女との距離が縮んでしまえばどうなるか、贅沢な暮らしが目の前にチラつくとはいえ、よりいっそうの性欲処理の奉仕を迫られるに違いありません。

それでも、いまも彼女との関係は続いています。プレゼント攻勢も終わることを知りません。私もそれを受け取っている手前、誘いを断ることができず、電話に怯《おび》える毎日を送っています。

いまとなっては、あのときに金銭で解決しておけばよかったと後悔しているのです。

美人人妻インストラクターと鏡張りの教室で淫らに交わって

飯館智徳　ＳＥ・二十四歳

　社交ダンスを始めたのは、いわば流行《はやり》もの好きの性格からでした。ある映画を見た翌日に、コミック雑誌を買うついでにダンスの雑誌を購入して、わかったような顔をしてページをめくっていたものです。

　しかし、いつものぼくならば、ダンス雑誌を買うところで終わっていたかもしれません。面白そうだけど、会社勤めの身ではレッスンに通う時間もとれないし、何より、人前で踊ることなど、引っ込み思案の自分にできるわけがない、と……。

　それが実際にダンススクールの門をたたくまでに至ったのには、やはりそれなりに期待するものがあったからだと思います。映画でもあったように、美しい女性との出逢いが待っているかもしれないという、淡い希望を抱かせるものが、社交ダンスの世界にはあるような気がしたのでした。

そして、ウソのような話ですが、事実、ぼくが期待した以上の素晴らしい出逢いがありました。その相手というのがまた映画と同じように、ダンススクールのインストラクターだったのです。

その日は、見学だけさせてもらうつもりでしたが、彼女を一目見た瞬間、ぼくはすぐにそのスクールに入学することを決めてしまいました。

彼女は、ほかの生徒たちから「恵里子《えりこ》先生」と呼ばれていました。スラリと背の高い、美しい女性です。長い髪を後ろで束ねているので、細い首がなおさら細く長く見えました。第一印象では、年齢は三十歳前後、生活感がまったく感じられないので、絶対独身だろうと思ったのですが、後になって、実際の年齢は三十八歳、結婚はしているけれど子どもはいないということがわかりました。

こんな清楚で美しい人が他人の奥さんであると知っただけでも、ぼくは言いようのない嫉妬心《しっとしん》を感じてしまいました。それまで、年上の女性にはまったく興味のなかった自分が、そんな感情を抱いているというのも意外なことでした。

しかし、恵里子先生にはある種の近づきがたいような雰囲気がありました。それは、美しい女性ならば誰もが身につけているような、気位の高さのようなものでしょうか。また、ぼくの側にも、下心いっぱいでレッスンに通っているという負い目があり、恵里子先生に対する接し方にぎこちなさを生じる原因になっていたと思います。

ですから、たまたまほかの人が休んだり遅れてきたりしたときなどに、恵里子先生にマンツーマンでレッスンを受けるという幸運に恵まれたとしても、どうしても意識してしまうところがあり、ごく初歩的なステップでさえも、体が固くなって失敗してしまい、激しい自己嫌悪に陥《おちい》ることもありました。

しかし、ぼくは週二回のレッスンに一度も休まずに通いつづけました。少しでも多く恵里子先生の体に触れていたいという、いたって不純な動機からでしたが、それでも、そんな努力の甲斐あってか、ほかの生徒よりも進歩が早く、恵里子先生のぼくに対する見方が、徐々に変わっていくのが感じられました。

ある日、レッスンのあとで、恵里子先生と二人で親しく話をするチャンスがやってきました。そのとき、緊張しながらもぼくは、ダンスを始めてよかったと感じていることや、もっとうまくなりたいと本気で思い始めているといった話をしました。

すると、恵里子先生が、通常のレッスンのあとで特別に個人指導をしてくれると言ってくれたのでした。

「ほかの生徒さんよりも飲み込みが早いから、いまのペースでみんなと一緒にやってると、かえって退屈でしょう。これからは、レッスンの時間はいままで教わったことの復習をするつもりで練習して、そのあとに、時間の余裕があったら、どんどん先にすすんでいきましょう」

恵里子先生の言葉に、ぼくは胸の高鳴りを覚えました。

「飯館《いいだて》さんみたいに熱心だと、わたしも教え甲斐があるわ」

さっそくその日から、恵里子先生の個人レッスンが始まりました。

正直に告白すると、ぼくは個人レッスンをしてもらえると聞いたとき、すぐにまた例の不純な期待感を抱いていました。二人きりの教室で、男女が体を密着させるのですから、当然、淫らな方向に考えが向かわぬはずがありません。しかも、相手が絵に描いたように美しい女性なのですから。

しかし、そんな期待など簡単に吹き飛ばすほど、恵里子先生の個人レッスンは予想外に厳しいものでした。休憩もなしに、何度も基本のステップを繰り返すのです。

体力にはそれなりに自信のあるぼくでも、途中で足がもつれ、何度もつまずきそうになりました。恵里子先生の動きについていけずに、体が離れすぎたり密着しすぎたりの連続で、とうとう息が上がってしまいました。

「すみません、少し休憩させてください」

「飯館さんがあまり熱心だから、わたしもちょっとやりすぎちゃったわね」

額にうっすらと汗を浮かべて、恵里子先生が微笑みました。

ぼくの下手なステップにつきあわされたのに、なぜだかとても上機嫌です。

「すみません、全然ついていけなくて」

「いまぐらいできれば大したものよ。最近はお年寄りが多くて、こんなにハードに練習する機会もないのよ。飯館さんがやる気になってくれて、うれしいわ」

恵里子先生の目許が、ほんのりと上気していました。恵里子先生に喜んでもらえたのがうれしくて、ぼくはつい調子にのって、こんなことを質問してしまいました。

「こんな遅くまで、ぼくの相手なんかしてていいんですか？　恵里子先生のダンナさんは寛容な方なんですね」

「あの人は……」

恵里子先生の表情が曇りました。

「家庭よりも仕事が大事な人だから……」

憂《うれ》いを含んだ表情に、息が詰まるようなときめきを感じました。

「ぼくのように、趣味にばかり夢中になってる人間とは違うんですね」

「単なる会社人間よ。家にいるより、会社にいるほうが落ちつくのよ、きっと……。飯館さんみたいに、新しいことにチャレンジしようという気持ちのある人のほうがずっと素敵よ」

ぼくが訊ねたわけでもないのに、恵里子先生は自ら、夫がいかに家庭生活をおろそかにしているか、淡々と語り始めました。ほんとうは子どもが欲しいのに、それができないのも夫に原因があるというような事柄が、いつもは生活感を微塵《みじん》も感じさせない恵里子先生の口から語られました。

（ダンナさんによほど不満を抱いているらしい……ということは……）

恵里子先生が身にまとっている近寄りがたい美しさは相変わらずです。しかし、その美しさの裏に、ほんの少し、生身の女性の欲望を垣間見たような気がしました。

すると、その途端、下半身にみるみる血液が流れ込んでいく感触に襲われました。その急激さに戸惑いながら、ぼくは腰を引き気味にして、やや前傾姿勢をとりました。気を逸らして膨張を阻止しようと試みたのですが、すべては無駄な努力でした。

夫に対する不満を語りつづける恵里子先生の話し声が、ぼくの妄想を激しく刺激するのです。

休憩時間が続いている間に、早くもとの状態に戻さなくては……しかし、焦れば焦るほど、それは硬さを増し、容易には収束させることができそうにありませんでした。

と、そのときです。

「あら、すっかり話しこんじゃったわ、ごめんなさい、貴重な時間を無駄にしちゃって。さぁ、あと一回だけ練習して、終わりにしましょう」

恵里子先生が立ち上がり、音楽をかけました。

いつまでも座っているわけにはいかなくなりました。

「飯館さん、最後にひと踏ん張りして」

恵里子先生に促《うなが》され、ぼくは意を決して立ち上がりました。

素早く体を密着させたおかげで、幸い、下半身のふくらみは恵里子先生の目に入らなかったようです。

しかし、踊り始めれば、硬い異物感を悟られるのは確実でした。

「もっと腰を寄せて。胸をはって！」

恵里子先生がぼくの腰を強く引き寄せました。

その瞬間、熱を帯びたふくらみが、恵里子先生の脚のつけ根に当たりました。

恵里子先生の動きが止まり、呼吸の音すら聞こえませんでした。ぼくもそれ以上、前にも後ろにも腰を動かすことができません。音楽だけが虚《むな》しく流れていきました。

「飯館さん、あなた……」

恵里子先生の声が冷ややかに聞こえました。

言い訳しようもなく、ぼくは硬直して立ち尽くしていました。

動かしてはいけないと思うのに、恵里子先生の脚のつけ根に密着した高まりが、ピクピク跳ねて、ぼくの欲望を剥き出しにしていました。

「あぁ……こんな感じ……ひさしぶりだわ」

恵里子先生の反応は意外なものでした。

てっきり怒りだすものだとばかり思って覚悟していたのに、ぼくを突き放すどころか、逆に腰に当てた手のひらに力を入れて、ぼくの体をさらに強く引き寄せたのです。

「動いてる……すごく元気なのね」

かすかな吐息がぼくの耳をくすぐりました。

「すみません、でも……」

何と言っていいのかわからず、あやまろうとするぼくに、

「いいの、動かないで、そのまま……」

恵里子先生が、柔らかい胸のふくらみを押しつけてきました。

束ねた長い髪から甘い香りが立ち上り、ぼくの興奮をさらに激しくかきたてます。

鏡張りの壁に、恵里子先生の細い背中と、パニックに陥っているぼくの顔が映っていました。

「いつから、こんなに？」

恵里子先生の細い指が、ぼくの腰をまさぐり始めました。

「……さっき、話をしている間に」

「わたしが原因なの？」

「……はい」

「そう……うれしいわ」

熱い吐息が首筋を撫でました。

「あの、いいですか？」

体を離してもいいですか、と言ったつもりなのに、恵里子先生は別の意味に解釈したようです。小さくうなずくと、目を閉じて、唇を求めるように軽くあごを持ち上げました。

その端正な顔を目にした途端、それまで必死に保っていた理性はもろくも崩れ去り、ぼくは貪るように唇を重ねていきました。

「はぁ、ふうっ……」

息も荒々しく、恵里子先生の唇がぼくを迎えました。舌を差し入れると、積極的にからめてきます。

互いにせわしなく相手の背中を撫で回しながら、何度も何度も唇を吸いつづけました。

（恵里子先生とやれるなんて……夢のようだ……）

やわらかな胸のふくらみに手を伸ばすと、それに応えるようにして、恵里子先生の細い指がぼくの股間を包みました。

「あぁ、この感じ……ひさしぶりよ、すてき」

はじめは遠慮がちに動いていた指が、次第に活発に移動して、ふくらみの先端からつけ根のさらに奥のほうまで這いまわり、詳細にぼくのものをチェックしました。

「恵里子先生、ほんとうにいいんですね」

先ほどとは別の意味を込めて、ぼくは問いかけました。いくら女性に対して引っ込み思案のぼくでも、目の前にぶら下がっているチャンスをみすみす見逃すほどお人好しではありません。ましてや、その相手が憧れの恵里子先生なのですから。

ぼくの問いにうなずくかわりに、恵里子先生はさらに激しく唇を吸ってきました。とても普段の姿からは想像もできないくらいの激しさです。

「飯館さん、見せて、あなたの逞《たくま》しいものを」

そう言うと、恵里子先生はぼくの足元にひざまずき、ベルトをはずして、ズボンのファスナーを下ろしました。そして、ブリーフのゴムに手をかけると、

「はあぁー……すごいわ」

ため息とともに、恵里子先生の長い指がぼくの高まりを握り締め、カリ首にかかった包皮をしごき下ろしました。

「飯館さん、すばらしいわ……」

剝き出しになった亀頭に、間近から熱い息が吹きかかります。

その感触に酔っている間もなく、直立したぼくのペニスは恵里子先生の唇の奥へと呑み込まれていきました。

「あ、あぁぁ……」

恵里子先生にくわえられている……そう思うと、体がブルブルと震えるほど興奮しました。

目を開けてその光景をじっくり眺めました。

視線を上げると、壁にはまった大きな鏡にも恵里子先生の奉仕する姿がありました。

仁王立ちしたぼくの足元に正座して、しきりに首をくねらせている後ろ姿が映っています。

鏡の像では口元までは見えませんが、後ろ姿だけでも美しい恵里子先生が、露出したぼくの下半身に頭を埋《うず》めているという、その様子だけでも、淫らな欲情を刺激するには十分すぎるものがありました。

「うっ、恵里子先生……そんなにすると……」

舌先が巧みに動いて、カリ首のくびれを刺激します。男性の弱点を知り尽くしているかのようなその動きに、ペニスは一気に限界近くまで膨張しました。

「もう……ダメです、恵里子先生……もう、イキます……」

恵里子先生の舌の動きは、ますます激しさを増してきました。

そしてぼくが爆発する直前に、恵里子先生の唇が素早く亀頭を包み込んだのです。

「あ、あぁぁぁ……」

ドクドクと吐き出されていく精液が、一滴残らず恵里子先生の喉の奥へと流れ込んでいきました。

射精が終わってからもしばらくの間、ぼくは恵里子先生の唇の温かさに包まれていました。

「ごめんなさい、こんなことしてしまって……」

ようやく立ち上がった恵里子先生が、頬を上気させてはずかしそうに言いました。

いままで夢中でぼくのペニスを舐め回していたケダモノじみた表情は消えてなくなり、いつもの清楚な恵里子先生の姿に戻っていました。

「いいんです。それより、恵里子先生、今度はぼくが……」

大量の精液を噴出した直後にもかかわらず、ぼくの興奮はいっこうに治まる気配はありませんでした。

「あっ、いけないわ、そんなつもりじゃないのよ」

恵里子先生が軽い抵抗を示したことで、なおさらぼくは攻撃的になりました。

「ダメですよ、いまさらそんなことを言っても。ぼくをこんなにしたのは、恵里子先生なんですから」

このチャンスを逃しては、この先、二度と恵里子先生とこんな関係になれる機会は訪れないでしょう。

いまは少し冷静さを取り戻して貞淑《ていしゅく》なそぶりを見せているけれど、恵里子先生の肉体が性的な快楽を切望していることは、先ほどのしゃぶり方を見ても明らかです。

三十八歳の人妻にとって、二十四歳のぼくの肉体が魅力的なものに映っていることもまた確かなようでした。

「飯館さん、おねがい、やめましょう、やっぱり、いけないわ、こんなこと」

「自分の心を偽《いつわ》るのはいけませんよ、恵里子先生。ほら、こんなになってる」

スカートの裾から入り込んだ指が、恵里子先生の体の中心に到達していました。

「体は正直なんですから」

「はぁっ、いけないわ、わたしには夫がいるのよ……はぁっ、ダメ……」

そう言いながら、恵里子先生はぼくの体にしがみついてきました。

その細い体を抱え上げるようにして床に寝かせると、亀裂の入り口に触れた中指に力を入れて、じわじわと恵里子先生の体の中へと侵入させていきました。

「あ、あぁぁ……はぁっ、い、いいい……」

長い脚をまっすぐに伸ばして、恵里子先生がかすれた声でうめいています。

ヌメヌメと滑る愛液に助けられて、中指はすぐに根元まで入ってしまいました。

その指を中でねじったりひっかいたり、あるいは細かく出し入れさせたりという動作を繰り返すうちに、恵里子先生の表情が、またあの淫らな熟れた女のそれに変わっていきました。

「恵里子先生、いいですか?」

ぼくの問いに、恵里子先生は何度も首を縦に振って答えます。

「よかった、恵里子先生に喜んでもらえて、ぼくはとても幸せです」

少し余裕ができたところで恵里子先生の服と下着をすべて脱がせました。

無駄な肉が一切ない美しい肉体が現れました。それでいて、ふっくらと盛り上がったバストや腰まわりは、女性的な丸みを帯びています。まるで、絵に描いたような美しさでした。

「きれいですね、恵里子先生」

「はずかしいわ、もう年だもの」

「そんなことはありませんよ、ほら、もうこんなに元気になってるんですから」

ぼくも一糸まとわぬ姿になって、すっかり回復したペニスを恵里子先生の顔の前にもっていきました。

「すごいわ、さっきあんなに出したばかりなのに……」

ほれぼれするといった顔をしてそれを見つめていた恵里子先生が、やがて再び積極的にぼくの高まりを口に含みました。

「はぁっ、たまりませんよ、そんなに吸われると……あっ、そんなところまで……」

膝立ちになったぼくの股間に頭を潜り込ませるようにして、恵里子先生は陰嚢にまで舌を這わせてきました。二つの玉が袋ごと吸い込まれて、軽い痛みをともなった快感が広がりました。

「恵里子先生にそんなにしてもらえるなんて、感激です」

ぼくも恵里子先生のバストを揉み、乳首をつまんで反撃しましたが、恵里子先生の愛撫のねちっこさにはかなわず、次第に受け身に回っていました。

そして、いつしかぼくが床に仰向けに寝て、その下半身に恵里子先生が顔を埋めて舐めまわすという体勢に変わっていました。

「飯館さんて、見かけによらず逞しいのね。まだまだ大きくなっていくみたい」

「恵里子先生のご指導のたまものですよ」

「まぁ、それじゃまるで、わたしが誘ったみたいじゃない、ひどいわ」

そう言って微笑むと、すぐにまたペニスの先を口に含み、ジュブジュブと唾音をたてて舐め始めました。

受け身にばかり回っていてはもったいないので、ぼくは恵里子先生の細い体を下から持ち上げて、その下腹部がちょうどぼくの顔の上に位置するように移動させました。いまにもしずくが垂れそうなくらい濡れて唇を開いた肉唇が、目の前にやってきました。

（美しい女性はアソコの眺めまできれいなんだな）

三十代の女性とセックスをするのは初めての経験でした。正直言って、局部などはかなりグロテスクに変形しているのではないかと、勝手な想像をしていました。しかし、実際に目にした恵里子先生のアソコは、ヘアも少なく、形も整い、なにより舌にまとわりつく愛液の香りが甘く、とろけるような旨味《うまみ》に溢れていました。

「あぁぁ――――、そこ、そこがいいのぉ……すごいわぁ」

亀裂を一通り舐めまわしたあと、茂みの奥に隠れたクリトリスを剝き出しにして、舌先で転がすようにしてもてあそぶと、恵里子先生の口から止めどなく淫らな言葉が溢れ出してきました。

「あぁ～、そこ、そこそこ、弾いて、もっと強く！　そう、すごい、飯館さん、そうよ、もっとぐちゃぐちゃになるまで舐めまわして！」

言葉だけではなく、恵里子先生は全身を使って快感を表現しました。

小さなお尻を上下に揺らし、肉汁の溢れた淫裂をぼくの口に叩きつけるように押し当て、時には茂みごとクリトリスをこすりつけるようにして、腰を旋回させました。

そして同時に、唇と舌でぼくのペニスを貪り、また時には片手で猛烈なスピードでしごき下ろして、袋に入った睾丸を軽く握って刺激することもありました。

負けじとぼくも舌で舐めまくり、指を挿入してほじくり回して攻め立てているうちに、なんと恵里子先生のアソコからピュッピュッピューッと潮が噴き出してきました。

「あぁー、すごいわ、こんなに気持ちいいの、初めてよ……飯館さん、もうガマンできないわ、入れていい？　いいわね？」

ぼくの返事を待たずに、恵里子先生は女上位の体勢で腰を沈めてきました。

ヌルッとした感触がペニスを包み、それから徐々にキュウウッと締めつけてくるような感覚がペニス全体に伝わりました。

「はぁ、硬いわッ、いっぱいに広がってる感じ……あぁぁっ、たまらないわぁ」

恵里子先生が背中をそらせて、束ねた長い髪をたてがみのように振りながら腰を使います。はじめは控え目に動いていた腰が次第に大胆な動きにかわり、しゃくり上げるようなせわしなさで、遂にはペニスをもぎ取りそうな勢いで煽りたててきました。

ふと視線を走らせると、壁一面の鏡に、ぼくの上で揺れ動く恵里子先生の美しい裸体が映っていました。

ぼくは上体を起こして恵里子先生の体を突き上げながら、百八十度回転して、鏡張りの壁に顔を向けました。

それから恵里子先生を後ろ向きにさせて、後ろから再び侵入すると、床に腰を下ろして、いわゆる背面騎乗位の姿勢にもちこみました。

恵里子先生の肩越しに鏡を眺めると、そこには、ぼくの怒張したペニスによって下から串刺しにされた美しい恵里子先生の姿がありました。

「恵里子先生、見てください、ほら、鏡にあんなにはっきりと映ってる」

「いや、はずかしい……あぁ、でも、入ってるのね、飯館さんが私の中に……はぁ、見えるわ、すごく太いのが入ってるのが……」

結合部がよく見えるように腰を前に突き出す恵里子先生を、下から激しく突き上げました。

「あっ、来る！　ズンズン来る！　はぁんっ、もっと、もっと突いて！」

鏡に映った恵里子先生の表情が、見るみる淫蕩に濡れていきました。

自分の乱れる姿を眺めながらするセックスに、すっかり夢中になっているようです。

「あぁ～、もうダメ、イッちゃう……はぁうっ、イッちゃったぁ～……」

恵里子先生の体が、突然、ぼくの上に倒れ込みました。

どうやらエクスタシーに到達してしまったようです。

「自分だけでイッちゃって、ズルイですよ。二人で息を合わせて達成するのがダンスの基本じゃないですか」

ぐったりとイキ果てて力の抜けた恵里子先生の体を後ろから抱きしめて、ぼくは座ったまま小刻みに腰を揺すりました。

恵里子先生の膝を立てて長い脚を開かせると、よりいっそう肉唇が露《あらわ》になりました。ちょうど幼い女の子にオシッコをさせるような体勢です。

両腕に力を入れて恵里子先生の体を浮き上がらせると、さっと下に落とし、すぐにまた持ち上げるという動作を繰り返しました。まるでトランポリンの上でジャンプするような調子で、恵里子先生の体がペニスの上に落下しては跳ね上がるのです。

「あぁっ、またイッちゃう、ダメよ、もったいない……あぁ、イッちゃう……」

絶頂の余韻に浸っている間もなく、恵里子先生はすぐにまた二度目のエクスタシーに到達しました。そして、さらに次の絶頂へと向かってのぼりつめていきました。

「あぁぁ、こんなにいいの、初めて、すごいわ、飯館さん」

恵里子先生は何度も同じ言葉を繰り返しつつ、短い間隔でイキつづけました。悦楽に悶《もだ》え叫ぶ恵里子先生の美しい姿を眺めているうちに、ぼくにもいよいよ二度目の射精の瞬間が近づいていました。

「恵里子先生、イキそうです、中でイッてもいいですか？」

「ダメよ、それはダメ、はぁぁん、中ではイッちゃダメ」

「それじゃ、顔にかけてもいいですか？」

「顔は……あっ」

後ろから突き上げながらクリトリスを刺激されて、恵里子先生は言葉に詰まりました。

「あぁぁ、いいわぁ、顔に……顔にかけて」

それを聞くとすぐに正常位に体勢を入れ替え、一気にフィニッシュへ向かってピストンを開始しました。

「い、いいい……イッちゃう、イッちゃう！　ダメ、もう……」

「ぼくも……うっ、イクッ」

発射する寸前にペニスを抜き取り、恵里子先生の顔にまたがると、亀頭の先までいっぱいに詰まった精液を一気に端正な顔に浴びせかけました。

「あっ、熱い、熱いわ……はぁぁ」

顔の右半分を白い精液でべっとり濡らして、恵里子先生はペニスからしたたる残り汁を吸いとってくれました。

恵里子先生の個人レッスンはいまももちろん続いています。

広い鏡張りの教室で自分たちの痴態を眺めながら快感を貪り合う関係に、ぼくも恵里子先生もすっかり虜《とりこ》です。時には、セックスの合間に全裸のままでダンスの練習をすることもあります。

「ほんとうは裸で踊るほうが、筋肉の細かい動きまで見えるからいいのよ」

恵里子先生はそう言いますが、そういうときの恵里子先生の視線は、もっぱらぼくの下半身に釘づけになっています。

映画を見ていい加減な気持ちで始めた社交ダンスですが、年上の女性とのこんな素晴らしい出逢いに恵まれ、映画に感謝したい気持ちでいっぱいです。

第三章

歪んだ性の虜となって

スイミングスクールの更衣室で四人の人妻が童貞の僕に迫って……

野本準　会社員・十九歳

あの強烈な体験をしたのは、今年の夏前のことです。

僕は昔から泳ぎが苦手で、いまもまったくのカナヅチです。もっとも、男子校だったのでそれほど恥をかくことはなく、別にこれからも泳げなくて困ることはないだろうと思っていました。

しかし高校を卒業し、社会人となって一年。今年の夏こそは彼女を見つけようと決心し、そのために泳ぎをマスターする気になりました。

なにしろ職場に女性は少なく、女の子との出会いの場はなかなかつくれません。でも夏の海ともなれば、同じように彼氏が欲しいカワイイ子もいっぱいいるはず。

そこで夏までに体を鍛えておくだけでなく、恥をかかない程度には泳げるようになっておきたかったのです。

そう決心した僕は、さっそく近所のスポーツクラブにあるスイミングスクールに入会を申し込みました。僕の仕事は時間が不規則なので、受講時間は仕事の空いた日の昼間。恥ずかしながら初心者コースのため、夕方など人が大勢いる時間帯を避け、なるべく平日の昼間を選んだのです。

ところが、ほとんど人がいないだろうと期待したのは大きな考え違いでした。

「あら、珍しいわねぇ。ボクも泳ぎを習いにきたの？」

受講初日、予想もしていなかったことに目を疑いました。ほとんど誰もいないはずだったプールには、大勢の女性がいたのです。

僕が考え違いをしていたのは、平日の昼間にはかえって女性が多いということです。ほとんどが、主婦など自由な時間が多い人でした。二十人近くいたでしょうか。僕のように泳ぎをマスターすることを目的にしている人だけでなく、産後のシェイプアップや、運動不足を解消してスタイルを維持するために通っているなど様々です。

あてがはずれて、ガッカリやら恥ずかしいやら。

もちろんみんな僕より年上で、プールの中はほとんど主婦のサークル状態。その中に迷い込んできた僕は、たちまち「坊や」とか「ボク」と呼ばれてかわいがられることになったのです。

「ボク、かわいいわねぇ。まだ十九なの？　さっすが、肌がピチピチしてるじゃない」

「あらあら、ホントに泳げないの？　だったらがんばらなきゃね。海でそんなんだったら彼女に笑われるわよ」

と、ずっとこんな調子でからかわれているのです。

ここにいるのは、ほとんどが三十代から四十代の人ばかりです。でも、よくいるブクブク太った「オバサン」という感じの人はほとんどいなくて、みんなスタイルもいいしキレイな人もたくさんいました。

なにしろ僕はシャイで気が小さく、それに男子校育ちということもあって、あまり女性と話をしたこともないのです。それが水着の女性に囲まれて、小学生のように手足をバシャバシャさせながら泳ぎを習っているものですから、湧き上がる笑い声にみっともない思いをすることもたびたびでした。

「フフフ、ボク、恥ずかしいの？　気にしなくても大丈夫よ。みんな若い男の子が珍しいんで、ちょっとからかってみたいだけなんだから」

そうやってよく声をかけてくれるのは、祐子《ゆうこ》さんという優しい女性です。実はこの中でいちばんキレイな人なのです。

たとえて言うならば、顔は田中美佐子《たなかみさこ》タイプの色っぽい熟女の人妻です。三十六歳で、もうすぐ中学生になる子どももいるというのに、全然そんな感じに見えない若々しさと美しさ。僕も話をするたびに胸がドキドキして、こんな人に童貞を奪われたら最高なのに、とエッチな期待ばかりしていました。

そしてもう一人、僕の胸をときめかせてくれる女性がいました。

「祐子ばっかり坊やを独り占めしちゃダメよ。ちゃーんと私にも目を向けてくれなきゃ。ね？　お姉さんの水着姿、色っぽいでしょ」

よく祐子さんと僕の間に割り込んできて、視線を奪おうと目の前でセクシーなポーズをとってくれるのが響子《きょうこ》さんです。二人は同い年、同じ団地に住んでいるという間柄でした。

とにかく大胆な性格で、かたせ梨乃《りの》っぽい美貌と豊満な肉体を待つ響子さん。ちょっと太り気味とはいえ、バストのサイズは九十五センチのFカップという豊かさ。最初に水着姿を見たときは、その布地を押し上げる胸の大きさと谷間に目を奪われ、赤面してしまったほどです。

サイズは僕が聞いたわけではなく、響子さんが自慢するように教えてくれたのです。そのあとさらに「どう？　いまなら誰も見てないわよ」と、冗談とも本気ともつかない口調で、僕の手を巨乳に触らせようと迫ってくるのです。

僕が慌てて「ちょっと……勘弁してください……」と手を引っ込めると、「ウブねぇ、坊や」と、さもおかしそうに笑っているのです。

それだけではありません。日が進むにつれかわいがり方も過激さを増し、プールに入っている最中に股間を触られるようにまでなったのです。

ススッと近寄ってきたかと思うと、水泳パンツの上から、さりげなくアレをギュッ。びっくりしている僕に、向こうはまったく悪びれることなく「あら、大きいのね」と笑顔を向けてくるだけです。

かわいがると言えば聞こえはいいのですが、これなんか立派に逆セクハラです。それが二人、三人と続けてやられると、勃起してプールから出られなくなることもたびたびでした。もっとも、それが響子さんたちには面白かったらしいのですが。

そのうちにわかってきたのが、彼女たちも欲求不満だったということです。きっと、結婚してからあまり刺激のない夫婦生活を送っている女性が多いというのは本当なのでしょう。僕が童貞で彼女もいないことを告白させられてから、はっきりと目の色が変わってきたのを感じました。

そんな天国とも地獄ともつかないスイミングスクールに通いだして二週間。ついに、僕が襲われてしまう日がやってきたのです。

レッスンを終え、僕は帰り仕度をする前にシャワー室に入りました。その日はプールから上がるのがちょっと遅れてしまい、プールに女性たちの姿はもうありませんでした。そしてたった一人でシャワーを浴びていたところ、急に後ろから声をかけられたのです。

「坊や、ちょっとこっちに来ない？」

響子さんでした。水着姿のままで、男子しか使えないはずのシャワー室に入ってきたのです。

「えっ、こっちって……」

「いいから。ついてくればわかるわよ」

そう言って僕の手を握り、そこから引っ張り出したのです。

スイミングキャップをはずした響子さんの濡れた長い髪のせいで、なんだかいつもよりキレイに見えました。それに前を歩くお尻が色っぽくプリプリ揺れて、何かあるんだろうと思いながらも目を奪われてしまいます。

「あれ？　ここ、女子の更衣室ですよ」

そう、連れていかれた場所は、これまで近寄ったこともない女子更衣室だったのです。僕が不安そうな顔になると、響子さんは「いいから、中に入りなさい」と笑顔で僕の背中を押してきました。

「でも、僕がこんなとこに入っちゃ……」

「いいの。今日はあなたにプレゼントがあるのよ。みんな待ってるんだから」

今度は、ドンと強い力でドアの内側に押し込まれました。当然、まだ僕には何が何だかわかりません。これもたちの悪いイタズラかと思い、悲鳴でも上がったら大変と大慌てでした。

「そんなに慌てなくていいのよ。もうほとんど帰っちゃったから。当分は誰も来ないわよ」

その言葉に、ハッと周りを見渡しました。

中にいたのは三人の女性だけです。祐子さん、それに同じスクールの顔見知りの人が二人。三人は僕のことを見て、何か意味ありげに微笑んでいました。

そして僕のあとに入ってきた響子さんも加えて、更衣室の中の女性は四人になったのです。

「あの、プレゼントって……」

さすがにこのころになると、なぜここに連れ込まれたのかうっすらわかってきました。みんな何も言わず僕を取り囲み、まるで僕のほうが男に脅されている女の子のような立場です。

「ボク、お姉さんたちが何を考えてるかわかる？」

目の前に立った祐子さんが、しゃべりながら顔をのぞき込んできました。もしかして……という予感が高まって、もう心臓はドキドキです。

すると僕の背後にいた響子さんが、いきなり腕に絡みついてきて、僕を身動きできないようにしたのです。

「いい？　暴れたりしちゃダメよ。おとなしくしてなさい」

「は、はい」

響子さん以外の三人は、僕の足元に屈み込んできました。

背中には豊かなオッパイが密着して、すごく柔らかな感触が伝わってきます。

「坊や、年上は嫌いじゃないわよね？　そうでしょ？」

耳元でセクシーな声で言われ、僕は興奮しながら頷きました。

「フフ、かわいいわ……みんなね、あなたを最初に見たときからずっとこうしようって相談してたのよ。童貞だなんて告白するもんだから、たまらなくなっちゃって……知ってる？　初めてのときはね、若い子なんかよりも私たちみたいな年上のほうがずっといい思いさせてあげられるのよ」

まるで夢のような言葉でした。カッコ悪いと思っていた童貞が、響子さんたちにとっては若くてウブな貴重な男の子のように映っていたみたいです。

そうしている間に、僕の競泳用のパンツが三人の手で下げられようとしていました。勃起したアレが引っかかって、なかなかうまくいきません。でも祐子さんは慌てることなく、逆に楽しんでいるみたいでした。

「まぁ！　すっごいわぁ……この大きさ。まだピンク色してるじゃない」

「こんなにカチカチになるなんて……久しぶりに見たわ」

パンツを脱がされると、みんな口々に感想を言いながら、まじまじとアレを眺めてきました。もちろん僕にとっては、女性に見られるのも初めて。誉められる嬉しさよりも、女性の興奮が伝わってきたことで、こっちもさらに昂《たかぶ》ってきたのです。

そのうちに三人の手が、先っぽから根元、それにタマの袋まで触ったり摘《つま》んだり。

「あううっ……」

柔らかな手の感触に、僕は声を出してしまいました。水泳パンツの上から触られるのとは違い、ちょっと痛みも感じたけどとっても気持ちいいのです。

「あら、もう我慢できないの？」

アレがビクビク震える様を見て、発射が近いと見抜かれてしまいました。でも手を離してくれることはなく、尿道口から溢れてきた液をヌルヌル亀頭にこすりつけたりと、愛撫を休めてくれません。

「も、もう出そうです」

「フフフ、敏感なのね。だったらこれだけじゃ物足りないでしょ？　最初はお口でしてあげるわ」

祐子さんがアレに顔を近づけてきて、僕は目を丸くしました。まさかこんなことをしてもらえるなんて、本当に夢みたいです。

根元を軽くしごきながら唇を開き、いきなりパクッと咥えてしまいました。

「あっ、ああ……」

生温かい口の中で、舌が絡みついてきました。亀頭を舐め、ねぶり、チューチュー音を立てながら吸うのです。

初めての快感に、自然と僕の息もハァハァと乱れました。それも祐子さんがひとしきりしゃぶり尽くすと、「今度は私ね」と、残りの二人から交替で次々に口に含まれていったのです。

ものすごい光景でした。目の前で、三人の女性が競うようにして咥えていきます。舌の動きや口の中の感触もそれぞれ違い、吐き出されてまた口に含まれるたびに新たな快感が湧いてきました。

しかし必死に我慢していたのもそこまで。加減を知らないような激しいフェラに、とうとう限界に達してしまったのです。

「出るっ、もう出ます！」

すると、チュポンと口の中からアレが吐き出されました。

全員がじっと濡れた先っぽを見つめています。瞬間、背筋が震えて、先っぽがピクピクっとなったかと思うと、宙に向かって精液が発射されたのです。

「すごぉい！　こんなにたくさん」

「まだ出てるわ。あんなに遠くまで……若い子は違うわね」

ものすごい勢いで吹き出た精液は、床の上に白く飛び散っていきました。祐子さんたちの体や水着にもかかり、最後の一滴は手で絞り出されました。

射精後の気持ちいい痺れに、僕は目を閉じてハァハァと息をつきました。

「ずいぶんたくさん出たみたいね。よかったでしょ？」

響子さんが耳元で優しく囁いてきます。僕の体を支えながら、たまに唇を首筋に押しつけては、キスをしたり舌を伸ばして舐めたりしていました。

「ね、見て。この子ったら出したのに全然小さくならないの」

ヌチャヌチャした指が、再びしごき立てます。新たな刺激に反応して、また硬くなってくるのを感じました。

すると、また三人で交互のフェラです。ペロペロと精液を舐め取られ、まだしゃぶり足りないとばかりに咥えられると、またイキそうになってきます。

「ダメよ、あんまり口でばっかりしてあげちゃ。あとがもたなくなるわよ」

そう言ったのは、僕の腕を解いて背中から離れた響子さんでした。柔らかなオッパイの感触と体の支えが離れ、ちょっと足腰がフラついてしまいました。

「フフ、まだバテるのは早いわよ。いまからお姉さんたちが、坊やの童貞を奪ってあげるんだから」

いつもの色っぽい、ドキッとするような目つきです。響子さんは僕に見せつけるように、挑発的に水着の肩紐をスルリと下ろし始めました。

たちまち水着の中から、大きな胸がプルンと震えながらこぼれてきます。見るからに重そうで巨大な膨らみ。形も全然崩れてなくて、ＡＶでも見たことがないような立派すぎる巨乳です。

「いいでしょ、このオッパイ。若いころよりずっと大きくなったのよ」

むっちり体型の響子さんは、誇らしげに二つの膨らみをすくい上げ、中央に押し潰してくれました。もう僕は、それだけで生唾ゴックンです。

「ズルイわよ響子。オッパイだけでボクをたぶらかすなんて」

響子さんに目を奪われている僕の隣では、祐子さんたちもいっせいに水着を脱ぎ始めていました。

「いい？　女の体はオッパイだけじゃないのよ。お姉さんたちの体もよく見てなさい」

まるでストリップの観客か、ＡＶの男優にでもなった気持ちでした。四人の女性が目の前で裸になってくれるなんて、滅多に経験できることではありません。

特に祐子さんは積極的で、誰よりも早く全裸になってしまいました。ほかの二人も恥ずかしがることなく、水着を脱ぎ捨ててしまいました。

とうとう更衣室の中にいる全員が裸です。それぞれが見事な体の持ち主で、胸もアソコの毛も隠すことなく披露してくれています。

響子さんの大きなオッパイもいいけれど、スタイルのいい祐子さんも捨て難い。それだけでなくさらに二人分も裸が用意されているので、目移りしてしょうがありませんでした。

「さ、ボク。こっちにいらっしゃい」

最初に誘ってくれたのは祐子さんです。僕がフラフラと祐子さんの元に近寄ると、申し合わせたように残りの三人が周りを取り囲んできました。

僕は祐子さんの腕に抱かれ、唇を奪われました。それから代わる代わるに唇を吸われ、舌を入れられます。美女の甘ったるい口臭と、唾液もたっぷり含んだ濃厚なキスに、もうフラフラです。

「さぁ、今度はボクがお姉さんたちをいい気持ちにするのよ」

祐子さんが僕の頭をオッパイに向けてきました。乳首が濃い色に染まり、ニョキッと飛び出していました。

「ああ、そうよ……いい子ね」

乳首を口に含むと、頭上からうっとりした声が届いてきました。背中にも腕にも、オッパイが押しつけられてきます。みんな早く自分もしてほしいと、催促しているのです。

やがて少しずつ膝を曲げながら、顔を下のほうに移動させていきます。へそを通り過ぎ、膝をついてしまうと、そこはもう女性のアソコの部分です。

生まれて初めて見た生のアソコに、僕の目は釘づけになりました。圧倒されたのは、モジャモジャと生え揃った毛。年季なのか、ジャングルという言葉がピッタリの濃さと縮れ具合でした。びっしり下のほうにもつながっていて、その中に隠れるようにして割れ目が顔を出しています。

祐子さんの手に頭を押さえつけられ、僕は濃いしげみの中に鼻を埋《うず》めました。プールから出てシャワーを浴びた後なのに、そこには蒸れた女の匂いでいっぱいです。

「はぁっ、そこ、そこを舐めるの……ああっ、いいわぁ」

ベロベロと、たっぷりの毛の中に隠れた割れ目を舐め上げました。祐子さんの喜ぶ声が響いてきて、ますます強く顔とアソコが密着させられました。

「上手よ、この子……いま、クリトリスを舐めてくれてるの。痺れちゃう……」

「ホントに？　ああ、もうたまらないわ……早く私にも代わってもらって」

周りを囲む何本もの足が、モジモジとせわしなく揺れ始めました。頭の周りは三人のアソコが迫ってきています。

祐子さんのアソコから顔を離すと、僕は次から次に太股の間に顔を埋めていきました。その間に指は別のアソコに挿入して、同時に何人もの喘ぎ声を重ねて耳に響かせました。

「はあっ……もういいわ。よくがんばったわね」

溢れてくる液体に顔をベトベトにした僕に、今度は横になるよう手が添えられました。床の上に寝そべると、アレがピンと上向きに立っています。

「そのままじっとしてなさい。じゃあ、最初は私ね」

響子さんのグラマーな体が、腰にまたがってきました。

いよいよです。息が止まりそうな興奮と緊張に、僕はじっと股間ばかり眺めていました。

「フフフ、すっごい緊張してる。初めてだもんね。無理ないわ」

「リラックスして響子に体を任せるの。ボクはただじっとしてればいいわ」

「なるべく我慢するのよ。あんまり早く出さないでね」

僕だけでなく、ほかの三人もじっとそこを凝視しています。童貞が喪《うしな》われる瞬間というのは、女性にとっても興味のあることなのでしょう。励ましと注文を受け止めた僕の手を、響子さんは自分の豊かな胸に導いて揉ませてくれました。

「いい？　いくわよ」

根元を握る手が、アレの角度を真上にして持ち上げました。響子さんの太股の間にあるヌルリとした粘膜で、先っぽが何度かこすられます。そして突然、ニュルリと熱い感触に包まれました。

「ああっ！　うっ……！」

「ああー……入ったわよ。わかるでしょ？」

「は……はい」

響子さんがさらに腰を落としてきて、亀頭はズブズブッとさらに奥に入っていきました。

その感触ときたら、男の僕でも喘ぎ声を出してしまいそうなほどです。熱く包み込んでくるアソコの肉をさらに割り進むと、とろけそうな快感が走り抜けてきました。

「いいわぁ……とうとう童貞をもらっちゃったのね。忘れちゃダメよ。坊やの初めての相手はこの私なんだからね」

喘ぎ混じりの声も満足そうでした。上から乗っかってきたお尻は、ぴったり僕の腰に密着したままです。しばらくの間、互いの感触を楽しみ、僕はヌルヌルした柔らかな締めつけにため息を洩らしていました。

やがて緩やかに響子さんの腰が動き始めます。抜き差しのスピードが速くなり、大きなお尻がペタンペタンと音を立て、目の前のオッパイも大きく揺れました。

「あっ、あっ！　いい、いいわ」

響子さんの声が高まってきたそのとき、隣から声がかかりました。

「響子、早く代わって。私も早く坊やとしたいの」

「もう……いいところなのに」

僕もちょうどいい感じだったところですが、ヌルッと引き抜かれてしまいました。しかし残念に思う暇もありません。すぐに次の体がまたがってきたのです。

「はぁっ……！　ああ……すごい、最高よ」

再び、あのとろけるような挿入感です。響子さんのように時間をかけずに、一気にズブッと中に導いてくれました。

そのままガクガクと何度かピストン運動をした後に交代と、それが繰り返されました。男である僕が、四人に輪姦されているのです。

「ああっ、また、また出そうです」

そのときに上にまたがっていたのは祐子さんでした。顔がセクシーに歪んで、体には汗が流れています。休む間もなく年上女性の激しい腰使いに身を任せているうちに、一度出したのにまた発射してしまいそうになったのです。

「まだ、まだダメよ。もう少し我慢して」

「でも、うああっ……！」

我慢するよう言いながらも、アソコはますます激しく絞り上げてきました。中が蠢くのは名器だといいますが、祐子さんのはまさにそれ。奥に吸い込まれたり、ひとりでに締まったり緩んだりを繰り返し、最後にはキューーッと穴が収縮してきました。

もう耐えきれません。瞬間、抜かなければと思いましたが、祐子さんはしっかり腰を落としたままです。

「ああっ、出るっ！」

一気に精液が尿道口に向かって駆け上ってきました。一度目と変わらず、爆発するような勢いで祐子さんの中に放ってしまったのです。

「イッたの？　ねぇ、祐子の中で出てるの？」

「ええ……出てるわ。すごい量よ」

射精している間だけは、じっと腰の動きを止めてくれていました。

それにしても、いきなりで四人を相手に経験するなんて、考えもしなかったことです。しばらく頭がボーッとして、裸のまま大の字になっていました。

しばらくして、祐子さんの体が僕の上から離れていきました。抜け落ちたアレは、精液と祐子さんの愛液でドロドロです。僕も満足し、ようやくこれで終わりかと思いました。

「まだよ、坊や。四人もいるんだから、あと一回は相手してもらうからね」

「ええっ？」

またも口に含まれ、猛烈に舌を絡められ始めました。

さすがに三度目ともなると、そう簡単には勃起しそうにありません。でも、四人とも期待に目を輝かせて、アレだけでなくタマの袋、それに乳首や唇にも吸いついてきたのです。

「ングッ、ンン」

口の中に舌を差し込まれながら、僕は目を閉じて再び彼女たちに身を任せました。こうなればあと一回できなければ男の恥だと、体中に這い回る舌の感触をしっかり受け止め、さっきの快感を思い返しました。

ペロペロと乳首や股間から伝わってくるムズ痒い刺激。僕が若いからなのか、それとも四人の舌使いが上手だったのでしょうか。アレはすぐに力を取り戻しました。

「立派ね。三度もできるなんて大したものよ。さぁ、今度は私たちを満足させてちょうだい」

「どうする？　また私たちが上になる？」

「ううん、今度は坊やにリードしてもらいましょ」

すると祐子さんたちは同じ方向を向いて床に這い、僕にお尻を向けてきました。

「誰からでもいいわ。坊やが選んで好きなようにしていいのよ」

そうやってお仕置きをされるみたいにお尻を並べ、挿入を待っているのです。

四つ並んだお尻はどれも豊かに膨らんで、とても魅力的な眺めです。谷間からは肛門とヘアーに囲まれた割れ目が迫り出し、濡れてヌラヌラと光っています。みんな自分から貫いてもらおうと膝を開いて腰を高くし、挑発的なポーズで誘っているのです。

僕はこの上ない優越感に浸り、どれにしようかとピシャピシャ品定めをするようにお尻を叩いて回りました。

「ボク、私からよ。さっきよりもっと気持ちいい思いさせてあげるから」

「ダメ、私よ。ホラ、この中に出していいから早く入れて」

媚《こ》びる声を聞きながら、まず端のお尻の手前で膝をつきました。指でアソコの入口を探り、そのまま一気に貫きます。

「ああーっ……！」

すぐに甲高い喘ぎ声が洩れてきました。ほかの女性は口々に淫らな言葉を吐き、僕を誘ってくるのです。激しく腰を動かして一通りよがらせると、また次へ。僕は時間の経過も忘れて、美女のお尻を往復しては刺し貫く行為を繰り返したのです。

結局、この夢のような体験があってから、海で彼女を見つけるという目的は消えてなくなりました。代わりに、熟れた肉体を持つ女性と代わる代わる関係を持つという充実したセックスライフを満喫しているのです。

大人のオモチャ、露出、放尿……カレの要求がエスカレートして

荻野洋子　ＯＬ・二十四歳

こんなセックスって、異常でしょうか？

……私、最近自分に性のタブーがなくなってきている気がして怖いんです。

いまのカレとは大学時代の友達・杏奈《あんな》がセッティングしてくれた合コンで知り合ったんです。杏奈は、スチュワーデスをしていて、交際関係がすごく派手。だから、彼女が集めてきた男性って一流会社勤務とか、実業家とか、医者とかで……なんだか、前に流行った『ヤン・エグねるとん』のノリでした。

もう、女の子たちは目の色変わっちゃって……そんなハイクラスの男の人たちと知り合う機会、なかなかないんですもの。特に私が勤めるシステム会社って、

ちょっとオタクがかった人や、クライ系が多いんです。出世しそうな人はほとんど先輩たちの「お手付き」になっている。バブルがハジけて、リストラピンチに合う前、できるだけ早めに寿退社したいと思っている私が目をつけたのは、某商社に勤めている今田《いまだ》さん。商社のわりに、仕事は堅めだし、年収も申し分なし。杏奈の話だとかなりなエリートなんだそうで……ちょっと無口でクールな彼に、ほとんど一目惚れでした。

連絡先を交換して……もう、これは逃しちゃだめだわ！　って勝負をかけた私は、一度目のデートで何とベッドインまで許してしまったんです。

……それからしばらくしてです、カレに『異常な』セックス趣味があるとわかったのは。

「洋子《ようこ》、大人のオモチャ使ったことあるか？」

三度目のデート。イタリアンを食べてシティホテルへ……。シャワーを浴びて出てきた私に、カレはいきなりそんなこと聞いてきたんです。

私は家もかなり厳しかったし、たぶん人よりオクテのほうで、いままで男の人とつきあったのは二回しかありません。それに、セックス自体あまり興味がなくて……正直言って、『イク』ってカンジ、まだ知らないんです。

びっくりして首を振ると、カレ、鞄の中からラッピングされた長方形の箱を出しました。

「プレゼント。開けてみな」

促《うなが》されるままに、私、その包みを開けたんです。中から出てきたものは……男の人のアレを象《かたど》ったバイブレーターでした。アレそっくりな形をしていて、根元のほうが二股になって小さい突起がついている。不気味な形をした真っ黒いソレを見た瞬間、レストランで飲んだワインの酔いもすっかり覚めてしまいました。

「気持ちイイんだってよ、洋子。なあ、コレ使ってみようよ」

「……いや……こんなの……！　怖いもの」

「大丈夫、みんな最初はイヤだって言うらしいけど、一度使うとよくてやみつきになるってよ」

カレ、いつになく饒舌《じようぜつ》で……日ごろはあまりしゃべらないのに、興奮しているらしく目もギラギラしていました。私の頭の中に『カレって変態？』という疑問がよぎりました。本当に怖かったんです。そのときの彼も、バイブも……。

「イヤよ、絶対イヤぁ！」

私が半分泣きながら拒否していると、カレ、溜め息をつきながらこんなことを言い出したんです。

「洋子がイヤがるんだったらしょうがない、……じゃあ、ほかの女に使おうかな。この間の合コンで知り合ったYさん？　あれからちょくちょく会社に電話してくるんだよね」

それ、私もよく知ってる子なんです。人の彼氏にちょっかい出すのを趣味にしているような子！

「やめてっ、そんなの、ダメぇッ！」

私、今田さんに本気なんです。……打算的といわれても仕方ないけど、この人と絶対結婚したいと思ってる。二十五歳までにはどんな手段を使っても、カレとウエディングベルを鳴らしたいんです。

「しないよ、そんなコト……洋子以外には」

結局、それって私がバイブを使うのをOKしたことになる。でも、仕方ないって諦めました。カレをほかの女に取られるくらいなら、少しぐらい変なコトされても……。

「俺ってさ、Yみたいな生意気そうな女キライなんだよ。それより、俺の言うことをきいてくれる従順なタイプが好みなんだ。洋子はそうだろ？」

私、うんうんって何度も頷きました。

「やるよ」

自分で大きく足を広げるように言われて、私、すごく、恥ずかしくて辛かったんです。それなのに、カレったら、

「洋子のオマ××、ヒクヒクしてるぜ。口ではイヤって言ってたクセに、コッチの口はパックリ開いてるもんな」

「や……そんな、み、見ないでぇ……」

必死の思いで膝を開いているのに、カレ、「もっと大きく開け」って命令して。私が思わず足を閉じそうになると、私の足首を摑んで無理やり左右に広げてしまいました。

「きゃあっ……!」

「だめだなぁ、この悪い手!」

そう舌打ちすると、カレは私の両方の手首を摑まえ、バスローブの紐をグルグル巻きつけ始めたんです! ショックでした。……悪いことしたわけじゃないのに、お父さんにいきなり叩かれたときと同じくらい、信じられないって感じでした。頭も身体もカーッとなって、何も考えられなくなってしまい……。もう、怖

いとかイヤとかじゃないんです。本当に、衝撃的だったんです。

「おい、洋子。お前、すごい、ビショビショに濡れてるよ」

彼の声が、ぼんやりとしか聞こえませんでした。頭の奥がガンガン揺れていたんです。

「前の二回はあんまり濡れてなかったからさ、少ないほうなのかなって思ってたんだけど、なんだ、刺激が足りなかっただけかよ」

「ウ、ウソ……そんな……っ」

「ウソじゃねぇよ？　ほら……」

カレの指が私の恥ずかしい部分にタッチしてきました。ピリッと鋭い感覚に、思わず、「あっ！」と声を上げていたんです。そして、カレの指が動くたび、チャプ、チャプと濡れた音がするのが聞こえてきて……ますますどうしていいのかわからなくなりました。足を閉じたいんだけど、勝手に力が抜けてしまって。ただ、ソコがうんと熱いって思いました。カレの息がかかるとスースーして感じるくらいに。

「ほら、舐めてみな」

カレ、バイブを箱から取り出すと、いきなり私の顔の前に突きつけたんです。

「や……あっ……」

顔を背けても、口元にソレを無理やり押し当てられて。ああ……変な匂い、ゴム臭いっていうのか、いままで嗅いだことのない異臭がツンと鼻をつきました。

カレのもしたことなかったのに、私のフェラ初体験はバイブだったんです！

「そう、先のところをアメ舐めるようにするんだ。洋子は経験少なそうだから、ちゃんと練習しないと俺を満足させられないぞ。知ってるか？　カップルの別れる一番の原因はセックスの不一致なんだぜ。洋子も俺と別れたくないだろ？」

ぐいぐい口の中に入れられるソレを、私、涙ながらに舐めました。初めは嫌悪感でいっぱいだったんですけど、冷たかったゴムが、私が舐めているうちにだんだんと温かくなっていくのにつれて、不思議とイヤじゃなくなってきたんです。

口の中が気持ちイイ。舌や頬にソレの先があたると首筋がゾクゾクするんです。

「洋子のお上品な口に、黒いバイブが突っ込まれてるのってすげぇエッチだね。なんかさ、もっといじめたくなるんだよな、かわいくてさ」

カレが私の顔を覗き込みます。見ないで欲しい、でも、もっと褒めてもらいたい……そんな二つの思いに、私、ますますおかしくなっていきます。

私の口からバイブが引き抜かれ、恥ずかしいけど『口さみしい』と感じました。

「よっぽど気に入ったみたいだな」

カレ、ひどいんです。私がぐずった鼻声を上げるのを聞いていて……。もう、私、耳まで真っ赤になってしまいました。

「これからも感じたら、声出せよ」

「………」

「返事は？」

「はい……」

小さな声で返事をすると、カレ、私の頭を優しく撫でてくれました。その大きな手の感触に胸がドキドキして、「私はこの人が好き！　放したくない」って気持ちがいっそう強くなります。

「あ……」

自分の唾液で濡れたソレの頭がアソコへ触ったとき、私、目をつぶってました。まだ十分温かくて、生々しいんです。

少しずつ少しずつ、そのバイブがアソコの中に入ってきました。違う、カレのとは、全然違う感触なんです。

「んんっ……やっ……もう、無理っ……！」

アソコがはち切れそうで、縛られた手を伸ばし、それを止めようとしました。だけど、

「まだ半分も入ってないぞ」

カレ、そう言って私の手を払いのけたんです。ウソ……もう、全部入れられたと思ったのに。だって、私のアソコ、もういっぱいだって感じてます。やっぱり、ゴムで出来てるせいなのかしら。中で引っかかる感じなんです。カレのだったら、もっとスムーズに入ってくるのに、抵抗があるんです。

「あ……あ、あっっ！」

最後は力いっぱい押し込まれて、私、悲鳴みたいな声を出してしまいました。痛くはないんです。痛くはないけど、凄い異物感。……男の人のモノより、「入ってる」って気がするんです。ちょうど、初めてタンポンを使ったときみたいな、おさまりの悪さがたまらなくって……。

私がまだ、ソレの感触に馴染めずモジモジしているのに、中のバイブが急に動きだしたんです。

もう、そのときのカンジといったら、とっても言葉では表せません。

「やあっ！　やっ！　ぬ、抜いてえっ……」

さらに、カレ、それの根元を握って動かし始めました。

声も出ませんでした。身体の中でぐるんぐるんってソレが回っていて、私の中をかき回すんです。機械の振動でビビビっとアソコが痺れます。それだけでもスゴイのに、入れたり出したりされるんですから。

私、ひきつけ起こしたみたいになってました。

……だって、こんな感じ、生まれて初めてなんです！　アソコがすごく敏感になっていて、入れられたバイブの形や動きが手にとるようにわかるの。それに、出し入れされるとちょうど、クリトリスがバイブについている小さい突起に擦られて、気持ちいいんです。

「ああーっ、ああー！」

知らないうちに私、大きな声であえいでいました。

「ヤラしいなぁ、洋子。お前、自分で腰振ってるんだぜ……スゲぇ、オマ××ねちゃねちゃいってるよ」

カレが私の耳元でいやらしいことを囁きます。……でも、私、とても興奮していて、恥ずかしさすら感じなくなっていました。大きな声をあげて、本当に自分からカレの手に併せて腰を動かしていたんです。……いいえ、腰が勝手に動いてたってカンジ。

正直言って、いままで感じたコトがないくらいよかったんです。身体が浮き上がるっていうか、めまいがするっていうか……全身がドクドク脈打って、アソコから頭にかけて、ものすごい快感が走っていきました。

そのとき、私、やっと『イク』って感覚を知りました。

目からウロコが落ちるって、こういうのを言うのかもしれません。私、それまで、セックスしたいって思ったコトなかったんですけど、この一回で、「欲しい」「したい」って衝動を感じるようになったんです。

バイブのあとに、カレともちゃんとエッチしました。やっぱり前の二回のセックスよりだんぜんイイ感じになったんです。

それからは、三回に一回はちゃんとイケるようになって、カレとのデートがますます待ち遠しくなった私。仕事中もカレとのセックスを思い出しては、アソコが濡れてしまい、トイレでこっそりオナニーしちゃうコトも……。

カレとのセックスもどんどんエスカレートしていって、たとえば、AVを見ながら、同じ体位をさせられたり、フェラチオのとき、顔に出されたり。ひどいのは、週末の六本木、人と車でごった返している道路をドライブ中、パンティを脱がされ彼の車の助手席に座ったままで、アソコをイタズラされたことでした。スモークグラスじゃないので、車内の様子は丸見えなんです。それなのに、両方の膝を立てさせられた恥ずかしい格好をするように命令されて……信号や渋滞で車が止まるたび、通行人や隣の車がチラチラこちらを見ます。そして、私たちが何をしているのかに気がついて、ニヤニヤ笑います。男の人なんか、「おおっ！」とか声をあげて、あからさまに私の股間を覗いていくんです。私、半分泣きながら、でも、カレの手を拒《こば》めませんでした。

全然知らない人に見られ、死んでしまいたいと思いながらも、身体が勝手に熱くなって、自分でも止められないんです。

やっぱり、フツウじゃないことを求められるとツライ。羞恥心《しゅうちしん》も、嫌悪感もある。だけど、恥ずかしさを感じれば感じるほど、興奮する私がいる。

以前は、「カレと結婚したい」から言うことを聞く。だったのが、最近、少しずつ変わってきた気がするんです。

「洋子のオシッコするところを見せてくれ」

「いやぁ……そんな、許してぇ……」

私は涙を浮かべてイヤイヤします。そんな私を、カレ、熱っぽい目で見下ろしスカートの中へ手を入れてきます。

「なんだよ、もうグシャグシャになってるじゃないか」

パンティの足の部分から入ってきた指がアソコにタッチします。そこから、ちゃぷちゃぷって濡れた音が聞こえてくるんです。

カレの指が私の中へいきなり入ってきて、一本、二本……三本もの指が中をかき混ぜます。私、自分の中から熱いものが湧き出してくるのを感じていました。

「どんどん出てくるぜ、洋子……すげぇ、大洪水」

「や……い、言わないで……っ」

そんなふうに、いやらしいコト言われると、もっと濡れてきてしまいます。

「洋子ってホント淫乱だな。イヤだイヤだって言うくせに身体はこうだもんな」

「ああっ！」

カレ、もう一方の手でクリトリスを擦り上げます。欲しかった刺激に、私、大きな声をあげてしまいます。クリトリスとアソコ、そして、カレの指はお尻の穴まで撫でてきます。

「お前、コッチも好きなんだろ？　正直に言えよ」

「は……はいっ……」

私、こくんこくん頷きました。もう、頭の中がトロトロって溶けてしまいそう。足を大きく開いて、カレにもっと触ってもらえるように、もっと奥まで、私のエッチなトコロを見てもらえるように腰を突き出します。

「あっ、そこっ……」

ビショビショのアソコから流れ出したジュースを、カレ、指ですくってお尻の穴に塗り込みました。私は期待に胸をときめかせ、お尻に入れてもらえるのを待っていました。

「んっ……や……」

カレの指が、ウンチをする場所に入ってきます。

ズブッと乱暴に突き入れられ、反射的に身体がびくっと緊張しました。そうすると、前のほうもきゅっと縮んで、中の指を締めつけるんです。

「ほら、がっつくなよな」

「ごめんなさい……」

カレの笑い声がまた、刺激になって濡らしてしまいます。

そう、私、いつの間にか、『恥ずかしいこと』に深い快感を覚えるようになってきていたんです。

「凄いよな、オマ××もケツも指三本がずっぽり入るなんて」

「や……いやぁ……」

私がいやがる素振りをすればするほど、カレは興奮してくれます。そして、私にもっと激しいプレイを強要するんです。

カレが指をピストンさせます。薄い隔たりを挟んで私の中で六本の指が暴れ回っています。最初はキツかったお尻の穴も、前からどくどくと溢れ出る私のジュースで緩んできます。その、濡れて広がっていく感じがたまらなくイイんです！　両方の穴がヌチャヌチャいやらしい音をさせて、ああ、お尻の、入ってすぐのところが指に擦られるたびにヒクヒクって痙攣するのがわかります。

カレ、指先が器用で、私が気持ちイイと感じるところをつぎつぎ探り当ててくるんです。きっと過去にたくさんの女の子としたんでしょうね。もしかしたら、いまも……。

だんだんとお尻の穴が熱くなってきました。会陰部っていうんでしょうか、前とお尻の穴の境目、あそこが出入りする指で摩擦されて、すごく感じるんです。

自分から腰を振って、カレの指を奥まで飲み込もうとする私。そんな私の股間に顔を寄せ、鼻息を荒くして愛撫するカレ。

エリートとか高収入とか、もう、どうでもいいんです！　この緊張と快感さえあれば、私……。

「あっ、あっ……！」

「おっと、ヤバイヤバイ」

私がイキそうになっているのに気がついたカレ、慌てて私の中から指を抜いてしまいました。

「う……うんっ、いやあ……」

そして不満そうに腰を揺する私を抱き上げると、バスルームへ運び込みました。

「何……何をするの……？」

バスタブの縁に座らされ、私、不安と、不安を遥かに上回る期待に胸をドキドキさせ、カレを見上げました。

「ここでオシッコしてみせろよ」

「そ、そんな……ダメっ、だって、まだしたくないもの……」

私、ウソをつきました。本当は、いままでアソコをいじられてて、かなりもよおしていたんです。

「だったら、出させてやるよ」

そう言って、彼は私の前に膝をつくと、太ももを摑んで無理やり押し開き、さっきまでいじられていたソコを再びさわりだしました。

「あっ！　やっ、やっ……それ、いやっ！」

根元まで入ってきた指が荒々しくピストンする。Gスポットを指ピスでがんがん突く……AVでよくありますよね。私も「潮吹き」しちゃうほうなんです。

「ほら、洋子ぉ、オマ××の奥がぴくぴくしてきたぞ」

言いながら、彼は私のクリトリスを摘《つま》んだり、こね繰り回したりして、オシッコをさせようと刺激します。

「出せよ、俺の目の前で思いっきりしてみろよ」

「だ……だめぇ、だめっ……」

ダメなんです。Gスポットを突かれると、下半身の感覚が緩くなって本当にオモラシしちゃいそうになるんです。

「お、ちょろちょろ出てきたぞ、あ、これは潮か」

「やっ、もうやめてっ、許してぇ」

尿道口を擦られて、ホント、もう、おなかがキツい。いまにも出ちゃいそうに苦しい。

「やん……やっ、もうもう、ダメなのっ……やめてぇ！」

「出せよっ、俺にかかっていいからさ。いや、かけてくれよ、洋子のオシッコ」

『オシッコをかけてくれ』……カレのその一言に、背筋がゾクゾク痺れました。

そして、彼の指ピスもさらに速く激しくなって、

「ああああんっ！　で、でちゃうっ、出るっ！」

あっ、と息を飲んだ瞬間、私にエクスタシーが訪れました。アソコから熱い液体が流れ出ていき、そのちょっとあとから、軽い痛みと共に、オシッコが飛び出したんです。

「あ……あーぁ……っっ！」

快感に引ける腰を押さえられ、勢いよく迸る私のオシッコが、カレの顔にシャワーのようにかかりました。

カレ、恍惚《こうこつ》とした表情でした。うっとりして私のオシッコを浴びてるんです。

「あー、美味しい、美味しいぞ、洋子ぉ」

何度も何度もそう言って、口を開きます。私のほうは、快感と、我慢していたオシッコをやっと出した解放感に、ぶるぶる身体を震わせ天国の気分を味わっていました。

こんな快楽もあるんですね。すごぉく気持ちよかった。しばらく腰が立たなかったくらい、アソコが痺れてました。

それに、カレにオシッコを飲ませたこと。なんだか、精神的にもイイ気分にさせられたんです。

カレ、オシッコ出し終わった私のアソコをペロペロ舐めてキレイにしてるんです。オチ×チンはもうギンギンに勃起してて、ちょっと突っついたら爆発しそう。

私、カレの顔をどけてバスタブから降りると、カレのオチ×チンに手を伸ばしました。

「……私にも、させてください……」

カレ、すごく満足そうに頷きました。……きっと、自分の調教が上手くいってるって思っているんでしょう。

「もう、洋子はすっかり俺の女だな」

真っ赤になってるオチ×チンの先を口に含み、私は「はい」ってくぐもった声で返事しました。口の中いっぱいに、男の人のエッチな匂いと味が広がります。

「……おいしい……」

カレに教えられたとおり、わざと音を立てて、粘っこく舐め上げると、気持ちよさそうにオチ×チンが震えるのが、すごくかわいい。

根元を擦りながら一生懸命吸い上げて、その下のタマタマをそっと揉みます。カレはこうされるのが一番好きだっていうけど、ほかの男の人ってどうなのかしら？　そんな好奇心が最近、私の中で育ってきています。

「ああ……洋子……洋子ぉ……！」

カレ、夢中になって私の頭を押さえ、腰を突き出します。オチ×チンの先が喉の奥へあたって苦しいけど、それも快感なんです。ああ、ちょっとしょっぱい味がする、もう少し、もう少しでカレがイク。

「うっ……！　うぅぅっ」

低い呻き声がし、ピュッピュッて感じで精液が出てきました。私、一滴もこぼさないように全部それを飲みました。

「今度さ、俺の友達と三人でしてみないか？」

終わったあと、カレ、私を抱き締めて囁きました。

「……いや……そんなコト……」

言いながら、また濡れてきて……やっぱり、こんな私って異常なのかしら？

銀縁メガネで地味な研究室助手の女性の意外な素顔と性癖は……

橋本浩文　大学生・二十歳

絶対に他人に言ってはいけない、と口止めされたのだけど、どうしても誰かに話したくてたまらない。他人の秘密というのは、それが思いがけないことであればあるほど、誰かに言いたくてたまらないものだ。

伊藤弥栄子《いとうやえこ》のことも、きっと大学の友だちが聞いたら、間違いなくぶっとんでしまうだろう。ああ、誰かに話したい……。でも、伊藤弥栄子に、かたく口止めされたから、とりあえずこういう手記を書くことでがまんしている。なんせ、もしもバラしたら卒業できなくしてやる、なんて言われたのだ。ひどい女だ。といっても、伊藤弥栄子の立場でそういうことができるのかどうか、わからないけれど。もしかしたら、ただの脅しかもしれない。

伊藤弥栄子は、ぼくが通ってる大学の、文学部の研究室の助手だ。

彼女自身ここの卒業生で、そのまま研究室にいついてしまったというクチらしい。それがまあなんというか、昔のマンガに出てくるガリ勉くんみたいなタイプの女で、分厚いレンズの銀縁メガネをかけ、髪の毛は肩のあたりで無造作に切りそろえ、もちろん化粧っけはナシ。誰が見ても恋愛なんかとは縁のなさそうな女で、ひたすら研究室に通ってきては、教授の手伝いや学生の面倒をみながら、自分でも、好きな中世文学の勉強を続けているという。

年齢不詳なところがあるのだけど、噂では、二十代後半らしい。ま、確かに、年上の女って感じの落ち着きはあるのだけど、でも、若い大学生の男の子を誘惑して食べちゃう……みたいな雰囲気とはまったくかけ離れている。彼女の前でエッチなことでも言おうものなら、即座にぶっ飛ばされるか、軽蔑しきった冷たい目線で見られ、その後は永遠に相手にされなくなるって感じかな。ま、伊藤弥栄子に相手にされなくても、どうってことないよってヤツのほうがはるかに多いだろうけど。

ところが、本当の伊藤弥栄子はそんな女じゃなかった。

それを知ったとき、ぼくがどんなに驚いたことか。

去年の秋のことだ。うちのゼミの発表会が近づき、ぼくはクジで負けて、みんなのぶんのレジュメを作るハメになってしまった。そしてその結果、研究室に遅くまで残ってコピーをとったり製本したりという地味な作業をやることになったのだ。

もちろん、研究室の助手である伊藤弥栄子が、つきっきりで手伝ってくれるのだけど、女としての魅力ゼロ、くだらないことでも言おうものなら、すぐに罵詈《ばり》雑言《ぞうごん》がとんできそうな彼女と何時間も二人きりで過ごすのかと思うと、もうそれだけで気が重かった。友だちに話すと、

「いいじゃん、手伝ってくれるお礼に、ごはんでもご馳走してやれば？　ついでにセックスも教えてやればいい。たぶん、彼女バージンだろうからさ」

まったくなんてヤツらだ。他人事だと思って……。

伊藤弥栄子とセックス……想像しただけでも悲しくなる。色気のない、子どものようなパンツを脱がせ、処女の体を開いて、むりやり入れる。ふと気がつくと、伊藤弥栄子が冷たい視線でぼくを見ている、喘ぎ声ひとつあげず……。きっとそんな感じだ。

そりゃぼくは童貞じゃないし、やりたい盛りだ。オナニーだってやりまくりだし、コンパのときは、みんなと同じように「ヤれる女の子はいないかな」と血まなこになって探してるのは事実だけど、とはいっても女なら誰でもいいってわけじゃない。学問と心中でもしようかっていうような伊藤弥栄子とセックスするくらいなら、自分でオナニーしたほうがマシだ。

いや、ひどいこと言ってるようだけど、うちの大学で彼女を知ってる男子学生なら、誰だってそう思ってるはずだ。

そんなわけだから、その日研究室に行き、伊藤弥栄子に「よろしくお願いします」と挨拶したときも、なんとなく目を合わせるのがいやで、うつむいてしまった。あとで考えると、そこからがもうぼくの失敗だったのだけれど……。

レジュメ作りはなかなかたいへんな作業だった。

人気のある中世文学のゼミは学生の数も多い。ぼくたちは、研究室の奥の書庫から本を取り出してはコピーし、それを束ねる、という作業を延々と繰り返した。気がつくと、やがて終電がなくなりそうな時刻になっていた。

こんなに長い時間、伊藤弥栄子といっしょに過ごすなんて……。ぼくは不思議な気持ちだった。何が不思議って、それだけの時間一人の女の子といっしょに過ごし、しかも深夜になれば、相手がどんな子であっても、ちょっとちょっかい出してみようかな、と思うのが、二十歳そこそこの男の生理というものだろう。ところが、伊藤弥栄子が相手では、絶対にそういう気にならない。ただただ疲れるだけなのだ。

ところが、そんなぼくにも、ちょっと思いがけないことが起こった。

ふと気がつくと、作業の手を休めて、書棚の前で本を深している彼女の姿をボンヤリ眺めたりしているのだ。

その日彼女は、白いブラウスに黒いタイトスカートという姿だった。見ようによっては、いかにも年上の女って感じのエロっぽい格好だ。そんな格好で、低いところにある本をとろうとして前かがみになったりすると、お尻の形がはっきりとわかる。それが、意外なくらいにムチムチしている。

さらによく見ると、質素なブラウスの下にすけて見えるブラは、前のところがレースになってるようで、なかなかおしゃれな感じだ。

へえ、伊藤弥栄子も、やっぱ女なんだなあ、もしかしたら、けっこういい体してるのかもしれない……なんて考えながら、すっかり疲れ果てていたぼくは、伊藤弥栄子に何度か視線を向けていた。それがいけなかった。

何度目かに彼女のお尻を眺めていたとき、突然、彼女がふりむいたのだ。彼女の表情が、急激に変わった。まるで、「見ーたーなー」という感じなのだ。

「どうしたの、橋本《はしもと》くん、何を見てるの？」

ぼくはドギマギした。

いや、あの、その……とかモゴモゴ言っててると、

「こんなときにヘンなこと考えてちゃダメじゃない」

伊藤弥栄子の声は、ドキッとするほどクールだった。いつもこんな声だっけ？と思いながら、ぼくは彼女の顔をマトモに見た。

そしてそのとき、あれ、と思ったのだ。銀縁メガネに惑わされて気づかなかったけど、伊藤弥栄子はもしかしたら、美人なんじゃないか。そんな気がした。端正というか、同年代の女子大生とはぜんぜん違う、大人の美貌。しかも、その鋭い目で、じっとぼくのことを見ている。自分でもびっくりしたけど、正直言ってそのときぼくは、下半身がゾクゾクした。

「ヘンなことなんて考えてませんけど……」

やっとの思いでそう言うと、

「本当かしら。さっき作業を始める前は、恥ずかしそうにうつむいていたくせに、

私の後ろ姿はしっかり見てるようじゃない」

べつに恥ずかしがってたわけじゃ……と言いかけると、彼女がたたみかけてきた。

「もしかして、私のお尻、見てたんでしょ」

「え？」

ぼくはかなり驚いた。伊藤弥栄子がそんなことを言い出すなんて。

事実なので、ぼくはますます口ごもった。

「いやらしいわね。ゼミの発表会の準備してるときに、私のお尻を盗み見るなんて、不真面目な人ね、あなた……」

そこまで言わなくても……、と思ったが、初めて見る伊藤弥栄子の強気な態度に、ぼくは完全に呑み込まれていた。

「どうしたの？　正直に言いなさいよ。お尻見てたんでしょ」

そこまで言われたら、しかたがない。

ぼくは後先考えず「はい、見てました」と正直に言った。そう言って、ごめんなさい、と謝った。

「ごめんなさいじゃないわよ、どういうことなの。発表会の準備してるときに私のお尻見るなんて」

しつこいぞ、伊藤弥栄子、思わずそう言いかけたが、なんとか我慢した。

するると、彼女はとんでもないことを言い出した。

「見たいのなら、見たい、見せてくださいって、そう言えばいいじゃない」

「え？」

思わず伊藤弥栄子の顔を見た。そこには、いつもの青白い顔の彼女ではなく、頬を赤くして、なんだかヘンに発情した顔をしている、別人のような彼女がいた。

「ほら、言うのよ。伊藤さんのお尻を見せてくださいって」

「でも……」

なんなんだ、この展開は……とドキマギしつつも、ぼくはあらためて彼女の下半身に目をやった。タイトスカートに包まれた腰は、絶対にムチムチだ。見たい、見れるものなら、見てみたい……そう思った。

「どうしたの、言いなさい、お尻が見たいですって」

「はい、あの、伊藤さんの、お尻が……見たいです」

その次の瞬間の彼女の顔を、ぼくはきっと一生忘れない。

口元だけでニヤリと笑い、目を輝かせた伊藤弥栄子。なんかいつもの彼女とぜんぜん違う……。知らないうちに、ぼくは勃起していた。

「いいわよ、見せてあげる」

彼女はそう言うと、後ろ向きになった。

そして、腰に手を当てると、前かがみになってお尻を突き出した。ピッチリしたタイトスカートがますます張り裂けそうになった。彼女はそのまま、腰をくねらせた。スカートの下で、ふたつの肉の丸みが、ムチムチといやらしく動いた。たまらない……、ぼくは思わずズボンの前を押さえた。

「興奮してるんでしょ、あなた。しょうがないね、若い子は。ほら、こういうのはどう？　ますます大きくなってくるでしょ」

そう言って彼女は、思いきり前かがみになった。思わず下着が見えそうになるくらいにスカートがめくれ上がった。その格好で彼女は、クネクネと腰を動かした。

ぼくは、予想もしてなかった彼女の態度に煽られて、もうビンビンだった。

「どう？　いやらしい？　立ってるんでしょ？」

「いえ、あの……」

「正直に言うのよ、あなた、おっ立ててるんでしょ、アレを？」

伊藤弥栄子は強い口調で言った。

「はい、硬くなってます……」

「ふん、悪い子ね、あなた。じゃ、こうしたら、どう?」

彼女は片手でスカートのお尻の部分をスッと持ち上げた。ストッキングをはいてない太腿がむき出しになり、さらに、薄いブルーの小さなパンティが見えた。

伊藤弥栄子がそんな挑発的な下着をつけてるなんて、まったく意外だった。

ぼくは思わず、ズボンの上からペニスの形にそって指を動かし、しごいた。

「ふふ……、あなた、したいんでしょ。私のいやらしいポーズ見ながら、自分でしたいんでしょ? どうなの?」

「は、はい……、まあ……」

ぼくはもう言いなりだった。

「いやらしい子、おっ立ててるものを出しなさい!」

「え……」

ぼくは驚いて、思わずしごいていた手を止めた。

「出すのよ、あなたのものを。言われたとおりにしないと、あなたがいやらしい目で私のお尻見てたことを、みんなに言いふらすわよ」

ぼくは、もうどうにでもなれという気分でジーンズのファスナーを下ろし、パンツの中からそれを引っぱり出した。それはもう完全に上を向いて勃起していた。

「へえ……大きいじゃないの……」

伊藤弥栄子の目がそれに釘づけになり、いやらしく光った。

「ほら、しごきなさいよ。いつもやってるみたいに、シコシコしなさいよ。私のお尻見ながらオナニーできるなんて、幸せでしょ」

ぼくは右手でつかむと、ゆっくりと上下にしごき始めた。彼女の目は、どんどんいやらしくなり、開きかけた唇を何度も舌で舐めた。

「すごいね……、本当に大きい……。もっとサービスしてあげよっか」

彼女はそう言うと、スカートを完全に腰までめくり上げた。そして、薄いブルーのパンティをクルッと下ろした。真っ白でムチムチしたお尻がむき出しになった。思った以上に、ワイセツなお尻だった。

彼女は、ゆっくりと時間をかけて、まわすように腰を動かした。こちらに突き出されるときは割れ目が開いて、思わずお尻の穴まで見えそうになった。

ぼくはもう恥も外聞も捨てて、激しくペニスをしごき上げた。

「すごいね、そうやってしごくの……。いやらしいね、男のオナニーって……」

彼女はそう言うと、ゆっくりとぼくのほうへ近づいてきた。そして、ぼくの下半身に顔を近づけると、ぼくのチ×チンをしげしげと見た。まるで生まれて初めて見るとでもいうように、メガネの奥の目がギラギラしていた。いや、もしかしたら、本当に初めて見るのかもしれなかった。

「大きいね。それに、グロテスクな形してる、こんなにエラがはって……。この先っぽの穴から、精液が出るのね……」

まるで観察されるように見られて、ぼくはなぜかますます興奮した。

「そうよ、もっとしごきなさい、いつもしてるんでしょ、シコシコ、シコシコって……ほら、もっといいもの見せてあげようか」

彼女は、椅子に座っているぼくの目の前に立った。

スカートをめくり上げたままなので、ぼくのすぐ前に黒い毛があった。パンティに押さえつけられていたせいか、すこしペシャンコになっていて、おまけに一日の終わりの時間だったせいか、かすかに匂いもした。彼女は足を開くと腰を突き出した。そして、両手の指をそえると、クイッと割れ目のあたりを左右に開いた。

「ほら、どう？　特別サービスよ。しごきながら、のぞきこみなさい。私のいやらしいところを見ながら、一生懸命にしごくのよ」

「早く！」と命令されて、ぼくは思わず「はい」と返事をした。

そして言われたとおりに、その部分をそっとノゾいた。もちろん右手は激しく上下させたままだ。人が見ていたら、なんて情けない男だろうと思うに違いない。でも、そんなことはどうでもよかった。思いがけない伊藤弥栄子の挑発に、ぼくは完全に舞い上がっていた。

「ほら、こうしてあげる、どう？　見えやすいでしょ？」

彼女はさらに大きく足を開くと、指で割れ目を広げた。割れ目のまわりにはあまり毛が生えてないので、ピンクの柔らかい肉が、パッと鮮やかに見えた。

そこはヌルヌルの白っぽい汁でベットリ濡れていて、ポチッとしたクリトリスがやけにふくらんでいるのがはっきり見えた。

ぼくは、さらに強くつかみ、激しく動かした。彼女は、そんなぼくの手元を、じっと見下ろしていた。目が完全に欲情していた。

「いやらしいね、あなた、私のオマ××見ながら、しごいてるのね」

確かめるように、彼女はわざわざそう言った。

「先っぽの穴から、何か出てきてるじゃない。それ、おしっこ？」

おしっこではない。彼女は、本当に知らないのだろうか、それとも、わざとそう言ってるのだろうか。

「違います……」

「違うの？　じゃ、何かしら」

彼女は再び顔を近づけて、指先で、その液に触れた。

「あら、ヌルヌルしてる……。ほんと、おしっこじゃないね、これ」

指先にたっぷりまぶすと、自分の鼻先へもっていき、匂いを嗅いだ。そして、

「なあに、これ？　言ってごらん」と命令した。

「あの……、だから、その、先走り汁です……」

彼女はニヤリと笑った。

「そうなの、これが先走り汁なのね。あなた、もうそんなに感じてるのね。もっと出しなさいよ、ヌルヌルの先走り汁を」

彼女はそう言いながら、汁のついてる指先を舐めた。何度もぼくのチ×チンの先っぽに触り、汁を指先ですくっては舐めた。その顔は、なんか怖いくらいに凄みがあった。この人、こんな女なんだ……。

「どう？　幸せでしょ、私に、あなたのいやらしい汁を舐めてもらって」

「は、はい、幸せです……」

「よかったわね。じゃ、もっと幸せなことしてあげるよ」

彼女はそう言うと、ぼくの顔に自分の割れ目を近づけた。そして、低い声で言った。

「私のオマ××を舐めるのよ」

え？　と思わず顔を上げたのと同時に、彼女はぼくの頭をつかんで、そこに顔を押しつけた。モワッと、おしっこや汗やいやらしい匂いがする割れ目に、ぼくは舌を突っ込まずにはいられなかった。それはぜんぜんイヤではなかった。あの伊藤弥栄子に命令されて、臭いオマ××を舐めさせられている、というそのことに、ぼくは自分でもびっくりするくらい興奮していた。

「ほら、お舐め、舌を動かして、私のオマ××をきれいにするのよ！」

ぼくは言われたとおりに隅々まで舐めた。クリトリスを転がすと、彼女は腰を震わせて反応した。太腿でギュッと顔を締めつけられると、ぼくはますます体が熱くなり、必死で舌を動かした。

「いいわよ、すごく……。あ、あ、あ……、上手じゃないの、あなた……」

伊藤弥栄子は、ふだんからは想像もできないような声をあげている。ぼくは、その声を聞きながらしごいた。いまにもイキそうだった。

「ああ……も、もう、出してもいいですか……」

「出すの？　射精したいの？　まだダメよ」

彼女はいったん体を離した。そして、ぼくの体にまたがってきた。

「これからもっといいことしてあげるのに」

そう言うと彼女は、ぼくのチ×チンをつかんだ。

「硬い……、それにドクドク動いてる……」

しばらくその感触を味わったかと思うと、今度は先端を、自分の割れ目に押し当てた。そこはもう熱くヌルヌルになっていた。

「いい？　入れるからね。あなた、私のオマ××の中にこれを入れるのよ。うれしいでしょ。ね、うれしいって言いなさい」

「う、うれしいです、伊藤さんとできて、うれしいです」

「はあっ」という声と同時に、彼女は自分で腰を沈めてきた。最初は窮屈で入らなかったが、やがてニュルッという感触があって、ほどなく全部おさまった。

「入った……、ほら、あなたのいやらしいチ×ポが、入ったよ……」

伊藤弥栄子は、そう言ってぼくの顔を見た。ぼくは、もしかしたらやっぱりバージンなのかな、と思った。でもそれにしても、この強気な態度は何だろう。それに痛がりもしないし……。よくわからなかった。でも、ともかく中はキツくて、気持ちよかった。伊藤弥栄子がゆっくり動き始めると、ますます気持ちよくなった。

五分もしないうちに、ぼくは発射してしまった。伊藤弥栄子はちょっと怒った顔をしたが、それでも汚れたチ×チンをしゃぶって、回復させてくれた。結局その夜、ぼくは彼女に一方的に三度も「犯され」た。

彼女がなぜあんな態度に出たのか、いまでも不思議だ。いまでも、前と同じ色気のないガリ勉くんのような助手として研究室で働いている。そして、彼女のもうひとつの顔を知っているのは、きっとうちの大学で、ぼくだけなのだ。

第四章

あくなき欲望の果てに

夫の勃起不全に悩む友人のために人妻たちが体を張って刺激して……

長崎彩香　主婦・二十八歳

私は二十八歳の主婦です。以前は服飾メーカーでOLをしていて、大学のサークル仲間だった彼と四年前に結婚しました。

二十四歳だったから特別に早いというわけではなかったんですけど、同期のOLの間ではトップの寿退社でした。それから四年の間に、仲のよかった会社の友だちも次々と結婚しました。いまでもヒマなときはお互いの新居に遊びにいったりしてます。

その日も私は、あゆみちゃん夫婦のマンションでお昼ごはんをご馳走になっていました。

私のほかにもう一人、つい半年前に結婚したばかりの恵子《けいこ》ちゃんという友だちもいました。私たち三人とも以前は同じ課で働いていて、よくカラオケに行ったり休みには一緒に旅行したり、お互いの彼氏のことなんかも詳しく報告していた大の仲よしです。

でも、このごろの話題は昔みたいにおいしい食べ物や彼氏のことじゃなくて、お互いの家庭のことがほとんど。どうしてもＯＬと違って主婦が三人集まると、そういったグチや悩み事を打ち明けるようになるんですね。

そのときもふと、あゆみちゃんがこうグチをもらしたんです。

「ウチのダンナねぇ、あの若さでもうダメになりそうなの」

私が、

「えっ、なにが？」

と聞くと、あゆみちゃんはうんざりした顔で、

「アレに決まってるじゃない、アレ」

と答えました。

「アレって、セックスのこと？」

私も恵子ちゃんも、興味津々といった感じで聞き返しました。

あゆみちゃんのダンナは私たちと同じ二十八歳。名前を光彦《みつひこ》クンといって、実は彼も同じ会社の同僚だったからよく知ってるんです。

私たちの間でも、そういったセックスのことはよく話題になるんです。お互いのダンナの持ち物とか、けっこうあからさまに比べたりしてるんですよ。

たしかあゆみちゃんのダンナは、新婚当時一晩に二回も三回も求めてきた絶倫マンだって聞かされてました。フェラチオしてあげれば何度でも元気になるタイプらしくて、毎晩しつこくて困るなんてちょっと前までは笑って話してくれてたんですけど。

「ダメになったってどんな具合で？　もう前みたいに求めてこないの？」

「そうじゃなくて、なんていうか……いくらがんばっても立たなくなってきたの」

そう、インポになっちゃったみたいなんです。

聞くと、ここ最近はまるっきりダメで、何をしてあげてもアレはグニャッとなったまま。ダンナさんの性欲そのものは衰えてないのに、ちっとも立つ気配がないからお互いすごくイライラしてるんですって。恵子ちゃんも、

「大変ねぇ」

なんて同情してたけど、こういうのって慰《なぐさ》めの言葉も見つからないですよね。

原因は仕事のストレスかもしれないってことだけど、たしかに光彦クンって真面目なサラリーマンだったから、それもわかるような気がします。それにしても三十を前にしてダンナがインポだなんて、浮気されるよりショックかもしれません。なによりいまがいちばんセックスを楽しめる年ごろだし、いろんな意味でかわいそう。

「いろいろやってみたけどムダだったし……もうダメなのかなぁ」

なんて一人でしょげ返ってたから、つい私もこんなことを言ってしまったんです。

「そんなに悪いほうに考えないで。なんだったら私たちも協力してあげようか？三人で裸になって色っぽく迫ってみたら、インポなんてすぐ治るかもしれないじゃない」

もちろん軽い冗談のつもりだったんですよ。親友のダンナに手を出そうなんて考えたこともなかったし、ちょっと場の雰囲気を変えようと思っただけなんですから。

でもあゆみちゃんにしたら、そんな冗談にもすがりたいほど悩んでたんでしょ

うね。恵子ちゃんもいい考えかもしれないねって笑ってたのに、一人で真顔になって、

「ホントに？　協力してくれる？」

なんて聞き返してきたんですから。

さすがに笑っていた私たちも、ビックリするしかありませんでした。彼女、本気でダンナのインポを治すのに手を貸してほしいみたいなんです。

「ちょっと待って、本気でそんなこと考えてるの？」

「うん。ひょっとしたらってこと、あるかもしれないじゃない」

気持ちはわからないではないけど、つきあいの長い親友がダンナと抱き合ってる姿なんて、あんまり見たくないものですよね。それに言い出しっぺの私はともかく、恵子ちゃんなんていい迷惑でしかありません。

「お願い、友だちじゃない。私のためだと思って一晩だけ協力して」

最後にはそんなふうに手を合わせられちゃって……彼女って、昔から強引なところがあったんですよね。結局、押しの強さに断ることができませんでした。これも女の友情だからってことで、私も恵子ちゃんもしぶしぶオーケーさせられちゃったんです。

そうと決まって、さっそくその日の晩、三人で光彦クンの帰りを持つことにしました。ウチのダンナにはかわいそうだけど、今日はちょっと遅くなるからってことで、夕食だけ用意して戻ってきたんです。

そうこうしてるうちに光彦クンが帰ってきました。

「あれっ、二人とも来てたんだ」

久しぶりに見る私たちの姿に、ちょっと驚いてたみたいです。今日はたまたま夕食をご馳走してもらう予定だったということで、本当の目的は言わないまま一緒にテーブルを囲ませてもらうことにしました。

女三人に囲まれての賑やかな夕食に、光彦クンも楽しそうです。でもインポだってことを知ってるからそう感じるのか、心なしかやつれたようにも見えます。

食後にビールを飲みながら、さりげなく、

「最近疲れてるんじゃないの？」

と聞いてみたら、やっぱり仕事が忙しくて体調が悪いことが多いのだそうです。

そこであゆみちゃんが、さりげなくチラッと目で合図をしました。

「あのね、光彦クン……ちょっと聞いてほしいんだけど」

奥さんのあゆみちゃんに代わって、私から今日のことを話させてもらいました。

「おまえ、そんなことしゃべっちゃったのか？」

　そう言って、光彦クンは苦笑いしていました。当たり前ですけど、インポだということを奥さんが友だちにバラしていたなんて、少なからずショックだったことでしょう。

「気を悪くしないでね。あゆみちゃんはあなたのことを心配して相談してくれたんだから」

「そうそう、いい奥さん持ったんだから感謝しなきゃ。普通はこんなに心配してくれないわよ」

　そう二人で励ましてから、今度はあゆみちゃんにバトンタッチ。彼女は勝手に秘密をしゃべってしまったことを謝ってから、

「でね、お詫びといったらなんだけど……」

　と、私たちがインポを治すお手伝いをさせてもらうことを打ち明けました。

　光彦クン、ものすごく驚いた顔で私たちを見比べていました。まぁ信じられないのも無理ありませんけど、こんな申し出を断れる男性はいないですよね。実際に光彦クンもなんだかんだ言いながら、奥さんにベッドルームに引っ張り込まれたら、黙ってされるがままになってるんですから。

「ちょっと、いいのかなぁ……こんなこと」

「大丈夫よ。ホラ、グズグズしてないで早く裸になって」

あゆみちゃんが自分から裸になって、光彦クンの服も脱がせていきます。まるで私たちの目を気にすることもなく、ダンナさんのブリーフまで下ろしてしまいました。

見ると、アレは小さく毛の中にぶらさがってるだけです。

「黙って見てないであなたたちも裸になってよ」

あゆみちゃんに言われて、私たちも服を脱ぎはじめました。

さすがに最初はちょっと照れてたけど、いざこうなると女って大胆になるんですね。もし私の魅力でインポが治ったら……なんて思うとちょっとやる気になってきて、下着までポイポイと取っちゃうんですから。

光彦クンも、チラチラと私たちの裸に目移りしてます。さりげなく恵子ちゃんと私のオッパイを見比べてました。

「悪いなぁ、君たちまでこんなことにつきあわせちゃって」

「いいのよ。ねぇ、女三人に裸で囲まれるなんて興奮するでしょ？　そろそろオチ×チンがムズムズしてきたんじゃない？」

私もすっかりその気になって、色っぽく体をすり寄せながら彼の耳元で囁きました。さりげなくオッパイを肘にギュッと押しつけています。

でも、赤黒いオチ×チンはダランとしたまま。せっかくセクシーに迫ってあげてるのに、アソコはぜんぜん反応しないんです。

「ね？　ピクリともしないでしょ」

と、あゆみちゃんはじれったそうに、垂れ下がったオチ×チンを指で刺激します。そのまま足元に屈み込んで、パクッと先っぽをくわえてしまいました。

「うっ……」

その瞬間だけ、ちょっと光彦クンが声を出して反応しました。でも奥さんが口に頬張って一生懸命フェラチオしてあげても、少しも勃起しそうにありません。どうやら聞いてたとおり、かなりの重症みたいです。

「ね、ちょっと代わってよ。今度は私がしてあげるから」

そう言って今度は恵子ちゃんが屈み込んで、ベットリと唾液をつけたままのオチ×チンを口に含みました。

モグモグと口を動かしながら、

「ンッ、ンッ」

と鼻から息を洩らしています。なんだかすごくいやらしい舐め方。よだれが唇に溢れてて、ジュルジュルと音もすごいんです。

恵子ちゃんの激しいフェラチオに、光彦クンもため息を洩らしていました。下に手を伸ばしてオッパイを揉みながら、腰をモジモジさせています。

私もお手伝いのつもりで、背中から抱き締めながら乳首を優しく刺激してあげました。

でもこうしていろいろされている間も、光彦クンが焦ってるのがわかるんです。

「どんな感じなの？　立つ気配とかないの？」

「気持ちいいことは気持ちいいんだけど……」

やっぱり興奮はしてるんですって。でもいくら快感が伝わってきても、肝心のオチ×チンが立ちそうにないから、ものすごく辛いみたいなんです。

きっとこういうのって、男としてすごく情けないんでしょうね。せっかく三人の女性に囲まれているのに……なんだか見ていてかわいそうになってきました。

すると、恵子ちゃんがチュポッとオチ×チンから口をはなしました。

「ねぇ見て。ちょっと膨らんできたみたい」

言われてみると、恵子ちゃんが吐き出したオチ×チン、たしかにダランとしてたのがちょっとだけ上向きになってきてました。

勃起というにはまだまだだけど、あゆみちゃんも光彦クンもビックリしてました。ここ最近で、少しでも大きくなったのはこれが初めてだったみたいです。

「ホントに？　だったらこのままうまくいくんじゃない？」

こうなると、がぜん私たちも張り切りはじめました。ここまできたらなんとか光彦クンが元気を取り戻してくれるよう、最後までお手伝いをしてあげるしかありません。

「でも、なんで私じゃなくて恵子が口でしてあげたらこうなるの？　ひょっとして前から恵子に気があったんじゃないの？」

あゆみちゃんが、ちょっと皮肉っぽく言いました。光彦クンは困ったように、

「バカだな、そんなことないよ」

って言ってたけど、奥さんにしたら複雑な気持ちですよね。

私も次にフェラチオしてあげました。奥さんの目の前でこういうことするのって、けっこう妙な気分です。

オチ×チンが柔らかいから、ぜんぶ口の中に入っちゃうんです。特に先っぽをレロレロされると気持ちいいみたいだから、重点的にそこを責めてあげました。

そうするとたまにピクンと震えて、少しずつ全体が膨らんできてるのがわかるんです。

「あーっ、すごいな。そんなに激しく吸われるなんて……」

なんだか光彦クンの声も上ずってきてるみたい。

上からオッパイに手が伸びてきました。自慢するほどの巨乳でもないけど、三人の中ではいちばん大きいんです。乳首ごとモミモミされてるうちに、なんだかこっちまで気分が高まってきました。

さすがに交代でのフェラチオは効いたみたいです。あの情けないほどダランとしていたオチ×チンが、またさっきより持ち上がってきてるんですから。

「ホラ、だんだん元気になってきてるじゃない。もうちょっとだからね」

と、優しくみんなで励ましてあげてから、今度はベッドの上に場所を移しました。横になった光彦クンに、三人で奉仕してあげるんです。

あゆみちゃんがオチ×チンにむしゃぶりついて、恵子ちゃんなんか足を持ち上げてタマタマからお尻の穴まで舐めていました。

「ここを舐めてあげるとけっこう効くのよ。ウチの人もやってあげたらクセになっちゃったんだから」

そう言いながら、お尻の穴をペロペロ舌先でくすぐりまわしています。

さすがに私が参加する部分は残ってないから、彼の上半身に体を寄せて、ちっちゃく尖った乳首を舐めまわしました。

ペロペロ、チューチューとすごい音がしています。こうやって敏感な部分だけを舐められるのって、きっと男の人にしたら天国じゃないでしょうか。

「ああっ、いいよすごく……なんだかさっきよりずっと気持ちよくなってきた」

彼は喘ぎながら、私の肩を抱いてキスをせがんできました。唇を近づけると、すぐに舌を絡めようとしてきたんです。

「ンンッ……」

ウチのダンナとやったことなどないなってくらいハードなキスでした。思わず私も鼻を鳴らして、ねっとりと舌を絡み合わせてました。

そうやってキスを楽しんでるうちに、光彦クンも大胆になってきました。彼の手がオッパイからもっと下に動いてきて、アソコをさぐってくるんです。

「はぁっ、ああ……」

実はフェラチオしてたときからちょっと濡らしてたんです。彼の指がアソコを撫でまわすと、すぐに声を出してしまいました。

チラッと下半身に目をやると、二人とも私たちのことなんか目に入らないって感じでフェラチオに没頭してます。交互に口にくわえたり両側から舌で舐め上げたり、息もピッタリって感じです。オチ×チンもようやく棒みたいな形になってきていました。

もうベッドの上は熱気ムンムン。肌もジワッと汗ばんできたから、あたりは女の香りでいっぱいでした。

「ねぇ、そのまま顔にまたがってくれないかな」

言われたとおり、彼の顔の上にまたがって中腰になってあげました。

光彦クンたら、私のアソコを真下からしげしげと眺めてるんです。シャワーも浴びてないから臭うかもしれないのに、今度は指でお肉を広げて鼻をクンクンさせていました。

「いやだ、そんなに匂わないでよ。恥ずかしいじゃない」

私が言っても、彼は、

「この匂いがいいんだよ」

と、さらに鼻を近づけてきます。そういえば男の人ってけっこう女性の匂いに敏感で、これに興奮したりするんですってね。私って下着とか汚しやすいから、けっこうキツイ匂いかもしれません。

「たまらないなぁ。長崎《ながさき》さんのここ、甘酸っぱい強烈な匂いがして……」

そうやってただ匂いを嗅いでるだけじゃなくて、クリトリスをいじったり中に指を入れたりするんです。

「ああっ……」

アソコの奥から、またエッチな液がジワッと溢れてきました。

彼の指が、アソコの中でいやらしく動いてます。あんまり気持ちよくて、彼の上でモジモジとお尻を揺すってしまいました。

「ダメッ、そんなにされたら……イキそうになっちゃう」

と、彼の頭をつかみながら訴えたときでした。

「ねぇ、見て見て！　こんなになっちゃった」

振り返ってビックリしました。あのオチ×チンが、すっかり上向きに立ってるじゃないですか！

「えーっ、すごい！　どうしたの、それ」

「さっきからいい感じにはなってきてたんだけど、急に口の中でここまで大きくなっちゃったの。こっちもビックリしちゃった」

あゆみちゃんが手を動かしながら、嬉しそうに教えてくれました。

根元をしごかれているそれは、ピンピンに突き立っていました。太さも長さも申し分なし。ホント、立派というよりほかにないイチモツです。

みんなが目を輝かせて、当の光彦クンにどうして急に勃起させることができたのか聞いてみました。

「うーん、よくわからないんだけど、急に感覚が戻ってきたというか……体が忘れていたのを思い出したみたいな感じかなぁ」

なんだかはっきりとしない答えだけど、きっと病気が治るってこんなものなんでしょうね。私たちが努力したのもあるけど、やっぱり最後は本人の意志ひとつ、みたいなところがありますから。でも、やけに私のアソコの匂いを喜んでいたし、ひょっとしたらそれが効いたのかも、なんて思っちゃいました。

「やったじゃない、おめでとう。よかったわね」

「うん、ありがとう。二人が協力してくれたおかげよ。感謝してるわ」

あゆみちゃんは大はしゃぎで、光彦クンの腕に抱きついてました。これまでのギクシャクぶりも忘れちゃったみたいに、オチ×チンから手をはなそうとしないんですから。

「じゃあ、私たちはどうする？　もう役目は終わったんだし……」

　私と恵子ちゃんは顔を見合わせてました。

　このあとは当然、久々に夫婦水入らずで楽しめるわけです。でも、せっかくここまで協力してあげたんだし、このまま黙って服を着て帰るってのも味気ないですよね。

　すると、そんな私の気持ちを察したのか、あゆみちゃんがこう声をかけてくれました。

「ねぇ、よかったらあなたたちも一緒に楽しんでいかない？　せっかくだし、ちょっとぐらいなら試してみてもいいわよ」

　そう言って、自慢げにダンナさんのオチ×チンを見せびらかしてるんです。確かに立派なモノだし、興味がなかったわけじゃありません。それにこっちだって指や舌でいろいろされて、ちょっとは気分が高まってたし……。

「じゃあ、今日はご一緒させてもらおうかな」

　なんて、ホントはすごくヤリたかったんですけどね。

「あなたも隠さなくていいのよ。ホントは嬉しいんでしょ？」

　あゆみちゃんが意地悪そうに彼に言いました。やっぱり奥さんの手前、顔に出して大喜びなんてできないんでしょうね。

でもきっとこれって、がんばった光彦クンへのご褒美のつもりなんでしょう。やっぱりお互いのことを愛して信頼してなかったら、こんなことできませんから。

さっそく私たち全員が、ベッドの上で光彦クンを取り囲みました。もちろん最初のお相手は奥さんのあゆみちゃんです。まるで新婚のようなアツアツぶりで、熱心にお互いのアソコを舐め合っていました。

あゆみちゃんは大きくなったオチ×チンを舐めるのがホントに嬉しそう。目を細めながら、チュバチュバ音を立てて頬張っています。

そしていよいよ、あゆみちゃんの上に光彦クンが体を乗せてきました。正常位の姿勢で、二人の体がくっつきます。私も隣から、二人がつながる瞬間を眺めていました。

「ああっ、すごい……！」

オチ×チンが入っていくと、あゆみちゃんは感激したような声を絞り出していました。光彦クンがゆっくり腰を動かすと、ますます激しくよがりはじめます。

光彦クンも久々のセックスに張り切ってるみたいです。たっぷりとキスをしながら、息を荒くして腰を使っていました。

と、そこで光彦クンは動きを止めて、ヌポッとオチ×チンを抜いてしまいました。

「あんっ、もう終わりなの」

ちょっと不満そうだったけど、黙って恵子ちゃんと場所を代わってあげました。

「じゃあ、私は後ろからしてもらおうかな」

恵子ちゃんはピンピンに立ったままのオチ×チンに、お尻を向けて突き出しました。アソコのビラビラを自分から指で広げて、早く入れて欲しそうにお尻を振っています。

奥さんが見つめる前で、光彦クンはしっかりと恵子ちゃんの中に挿入しました。

「あーっ、すごいよ。これじゃ長くもたないかな」

そんなことを言いながら、しっかりと腰を動かしてるんですから。たまにジーッと動きを止めて、またゆっくりとオチ×チンを抜き差しさせています。ひょっとして、奥さんのとの締まり具合とかを比べてるのかもしれません。

「あっ、ヤダッ、すごい……！」

バックで突かれている恵子ちゃんは、自分でオッパイを揉みながら大きな声で喘いでいます。そんないやらしい声を聞いていると、こっちも早くしたくてたまらなくなってきました。

そしてしばらくたってから、いよいよ私の番。ヌラヌラしたオチ×チンの先っぽをちょっと舐めてから、あゆみちゃんと同じ正常位の姿勢になりました。

「あんっ……！」

ググッと先っぽが入ってくると、自分から腰を浮かせてしまいました。正直言って、ウチのダンナより太くて硬いんです。そんなもので深々と貫かれたら……あまりの快感で、他人のダンナだということも忘れてしまいそうでした。

「いいっ、最高……お願い、もっと激しく動いて……」

下から手を伸ばして、しっかり体を抱き締めました。こうやって体重をかけられると、すごく満たされる気持ちになるんです。

彼はハアハアと息を吐きながら、力強く腰を使ってくれました。でも、まだ入れて一分もたっていません。なのに急にピタッと止まって、私の体から離れようとしてました。

「あっ、もうダメだ……イキそう」

そう言って、すぐにオチ×チンが引き抜かれてしまいました。自分でしごきながら、私のお腹の上にザーメンをたっぷりと出してしまったのです。

「あーっ、すごくよかったよ……」

彼はすっかり満足そうにため息をついていました。

「フフ、早かったじゃない。久しぶりだから焦ったの？」

あゆみちゃんの手で、残りのザーメンが絞り出されました。どうやら射精までできたことを見届けて、あゆみちゃんも安心していたみたいです。

二人がまたこうして仲よくできたのを見て、私もちょっと胸がジーンときてしまいました。ほんのちょっとしかセックスできなかったのは不満だったけど……まぁ、二回目はあゆみちゃんのために取っておくということで、私たちは、

「じゃあ、二人ともがんばってね」

と言い残して、おいとまさせてもらいました。

あとで聞いたところ、その晩は合計三回もしちゃったそうです。光彦クンはインポだったことが嘘のように、また何度でも求めてくる絶倫マンに戻ったということでした。

実はそれからもつづきがあるんです。しばらくしてから、あゆみちゃんが、今度は私か恵子ちゃんのダンナ、どっちかにも同じことしてみようかって言い出したんです。

「だって大事な奥さんを内緒で借りたんだから、お礼しなくちゃいけないじゃない。それに奥さん公認だから、浮気にもならないでしょ」

彼女の言うこと、どこまで本気なのかわかりません。本気でそう考えてるのか、それとも今度のことで他人のダンナに興味が出てきたのか……まぁ、私も同じなんですけどね。

もしかしたら今度はウチのダンナが、私たち三人に囲まれて目尻を下げているかもしれません。

隣のビルのオフィスを覗き、オナニーやセックスを見せつけ……

金田克典　会社員・三十四歳

私のオフィスは、いわゆるインテリジェントビルと呼ばれるようなビルのワンフロアの一角にあります。そのビルの南側は壁面全てがガラス張りになっていて、オフィスは十階にあり、隣の八階建てのビルよりも高い位置にあるためかなり展望がよく、ここから見える景色はオフィス街とは思えないほどでなかなかの物です。

仕事の息抜きに、この大きく開かれた窓から双眼鏡で外の景色を眺めるのが私の日課になっていました。

私は趣味でバードウォッチングをしており、本当は、山中で草木の露に濡れながら自然の中で野鳥の様子をつぶさに観察していたいのですが、なかなか仕事が忙しく山に行けません。それで代わりに、せめてこのオフィスからの眺望を楽しもうと愛用の双眼鏡をデスクに常備しているのです。

その日も仕事が一段落したこともあり、いつもどおり窓際に立って双眼鏡を覗いていました。

私は、双眼鏡の中の、山々やその緑の稜線と対照的なほど鮮やかな青い空を存分に楽しんでいたのですが、首が疲れたのもあってふと視線を落としたところ、隣のビルが目に飛び込んできました。

上司に呼びつけられて小言をもらっている奴や廊下のソファで昼寝している奴、給湯室でおしゃべりしてる女性社員たち……。

いままで気にも留めなかった隣のビルですが、いったん覗いてみると、各々の日常生活の一端を垣間見ることができ、それは自分に近い存在でもあるためかバードウォッチングよりも身近に感じられ、私は好奇心をそそられました。

そんなことがあってからというもの、私の日課として双眼鏡を覗く理由は変わってしまいました。

こうして隣のビルの生活を覗き見ることを始めてから二カ月も経ったころ、私はある一人の女性に釘づけになってしまいました。

　最大倍率まで上げれば、野鳥の口の中まで鮮明に見えるほど精度の高い私の双眼鏡だと、隣のビルにいるはずの彼女は私の目の前、それも二十センチも離れていないところにいるように見えます。

　彼女を見るたびに、私は久しく感じることのなかった胸のときめきを感じました。

　年甲斐もなく激しくなる動悸を抑えつつ、私は、朝、彼女が出勤するところから退社するまで、その一挙手一投足をつぶさに観察するようになったのです。

　年のころは二十代半ば、スラッとした容姿で化粧はいまどきの女性にしては薄目です。私服もシックな物を好んでいるようで、そこらへんのアフターファイブにしか興味のないチャラチャラしたタイプとは違っていました。経理を任されている様子の彼女は社内ではかなり優秀らしく、上司の受けもよいようでしたが、なぜか終業後の同僚の誘いなどは断っているようです。

　見た目からして地味な彼女は、きっと性格的にも地味なのでしょう。ますます、私好みでした。

　双眼鏡の中で笑う彼女、困る彼女、真剣な顔でキーボードを叩く彼女……。彼女の全てを見つづけるため、私は仕事そっちのけになってしまいました。

初めは双眼鏡の中で微笑む彼女の姿を見守ることだけで満足していたのですが、そのうちそれだけでは飽き足らなくなってしまい、私の中で彼女をモノにしたい、手に入れたいという欲望が膨れ上がり抑え切れなくなりました。

覗きつづけて二カ月もすると、彼女の勤務パターンというものがわかってきます。

彼女は、月曜日と水曜日、それと金曜日はいつも一人で残って残業するのです。ときどき息抜きに窓まで出てくるのを見ても、一人しかいないというのは確実なことです。戸締まりも任されるらしく彼女一人だけで夜遅くまでオフィスに残っているようでした。

彼女一人しかいないというのは、私にとっては好都合でした。しかし、いきなり彼女のいるオフィスに行って襲うというような、そんなおそろしいことはできません。

そこで私は彼女を誘惑するため、一計を案じました。

こちらから丸見えである、ということは、彼女のほうからもこちらが丸見えである、ということです。そこで、こちらで淫らな情景を彼女に見せつけることで彼女を精神的に揺さぶって陥落させてしまおうと考えたのです。

私が見たところ、彼女にはいまつきあっているような男はいないようですし、私のこの数カ月間の覗き体験から得た経験からすると、「覗き」という行為は人を異様な興奮に導く物なのです。

一見、無謀にも思えるこの作戦も、夜、一人で寂しく残業しているような彼女の心境を考慮すると存外上手くいくように私には思えました。

そのとき、私にはすでに肉体関係を結んでいた明菜《あきな》という女性がいたのですが、彼女に協力してもらうことにしました。

明菜とは、一年くらい前からセックスフレンドとしてつきあっていたのですが、彼女にこの計画を話してみると、もともとが淫乱の明菜は二つ返事で引き受けてくれました。

早速、私は、その週の金曜日にその計画を実行に移すことにしました。

退社時間を過ぎ、オフィスには私しかいなくなったころ、隣のビルの彼女が残業で一人残っているのを確認してから、明菜を電話で呼び出します。

そして、明菜を全裸で窓際に立たせ、外に向かって股間を広げさせたまま、オナニーをさせました。明菜一人が痴態を演じている間、私は彼女が立つであろう場所から死角になるところで、こっそりと双眼鏡で彼女の様子をうかがいます。

しばらくすると、いつもどおり彼女が息抜きのため、窓まで出てきました。窓辺の彼女は、大きく伸びをするように両手を挙げて空を見上げます。

私は、伸びをした手が一瞬ビクッと震えたのを見逃しませんでした。彼女の視界に明菜の痴態が入ったに違いありません。

双眼鏡の中の彼女は、自分の見たものが信じられないといったような感じで目をゴシゴシと擦ってから、再度私のオフィスへと視線を走らせました。

私は、横でグチュグチュと卑猥な音を立てながら、オナニーに夢中になっている明菜を横目でチラっと見てから、また双眼鏡を覗き込みました。

彼女の視線は明らかに明菜を追っていました。彼女の目には、深夜のオフィスでオナニーに耽っている明菜が映っているはずです。

その勤務態度からしてもわかるように、生真面目な彼女は自分の見たものをにわかには信じられなかったのでしょう、二、三度強く頭を振ってから、仕事に戻ってしまいました。

私は、先ほどと変わらぬ態度で仕事を続け始めた彼女を確認してから、明菜に今日の作戦は終了する旨を伝えました。

彼女の様子を見れば、首尾が上々であることはわかります。

次の月曜日、そして水曜日、そして金曜日……と彼女が残業で残る日は全て明菜を呼んで、その痴態を隣のビルの彼女に見せつけてやりました。

こんなことを続けて三週間もすると、情勢が変わりました。

隣のビルの彼女が黒い何かを手にするようになったのです。双眼鏡で早速確認すると、それは双眼鏡でした。私の愛用している双眼鏡と比べれば安物ですが、隣のビルからここを見るくらいなら十分な性能を持っているものです。

そして、彼女は双眼鏡を覗きながら、自らも明菜と同じようにオナニーをするようになったのです。

私の目論見どおりでした。

妙齢の女性が男も作らずに仕事に集中しているなんていうときは、大抵肉体は飢えているものです。そういう女性心理を私は、明菜を使って刺激してあげたのです。双眼鏡を手にしているため、片手しか使えない状態でしたが、彼女は器用にブラウスのボタンをはずすと、ブラジャー越しに胸を揉み始めました。

やはり、会社内でオナニーをするということは、生真面目な彼女にとっては想像もできないことであるらしく、その行為に対する禁忌《きんき》のためか、最初はもどかしいくらいおどおどとしたものでしたが、明菜のオナニーが激しさを増すと、それにつられて彼女の手も激しさを増していきました。

私の双眼鏡の中の彼女が、薄い青のブラを捲り上げ、清楚な彼女にはにつかわしくない、私の想像以上に豊満な乳房をさすり上げます。自由になる右手で、右と左の胸を交互に固くしこった乳首を摘《つま》み上げたり、つねったり、乳房全体を揉みしだいたり、Ｅカップぐらいの乳房が弄《いじ》くられるたびに、グニョグニョと卑猥に形を変えるのを見るのは壮観でした。

彼女は、ひとしきり胸の愛撫を終えると、大きく脚を開いてアソコに手を差し入れました。パンストとパンティは着けたままだったので、ハッキリとはわかりませんでしたが、彼女の激しい指使いを見るだけで、私の耳にはグチュグチュという音が聞こえてきそうなほどです。

一度堰《せき》を切ってしまうと抵抗が薄らいだのか、その日以来、彼女は覗き見しながらのオナニーを習慣にしてしまったようでした。

こうなればいよいよ私の出番です。

いままで彼女には明菜のオナニーしか見せていませんでしたが、今度から私と明菜のセックスを見せつけてやるのです。

私は彼女によく見えるように明菜を抱え上げて、後ろからズブリと挿入してやりました。

きっと彼女には私と明菜の結合部がハッキリと見えていることでしょう。

そう考えるだけで私は、自分のアレがさらに硬くなっていくのを感じました。

私は、彼女に悟られないように注意しながら彼女の様子を探りました。裸眼で見ているため、その様子を先ほどのように間近で見るということはできませんが、やはり、彼女は私と明菜の情交をつぶさに覗き見しているようです。

次の金曜日、明菜にはいつもどおりオナニーをしているように指示を出しておいて、私はいよいよ彼女のいる会社へと行きました。

すっかり、人がいなくなって真っ暗なフロアの中、一つだけ明りのついているところがありました。彼女の会社です。

ここに来る前にちゃんといつもどおり彼女以外の人間が退社していることを確認しておいたので、私は躊躇《ちゅうちょ》せずその扉を開けました。

中は双眼鏡から覗いていたときよりも狭く感じられ、ほんの五メートルくらい先の床に彼女はいました。

なるべく音を立てないように扉を開けたはずでしたが、彼女は背後の私の気配に気づいたのか私のほうに向き直りました。

「人が来て困るのはキミのほうじゃないか?」

彼女が大きな声を出そうとしたので、私は口の前に人差し指を立てて、シーッというふうにしながら、後ろ手で扉を閉めました。

私の言葉に納得したのか、彼女は声を上げる代わりに、ブラウスの襟をかき寄せて胸を隠し、大きくまくれ上がっていたスカートの裾を直すと、上目づかいに私のことを見上げました。

その目は、突然起こったこの状態にどう対処していいのかわからない困惑と自分の恥かしい姿を見られたことに対する動揺で満ちていて、仕事中の彼女のクールな様子と打って変わったか弱さをみせています。

そのギャップがたまらなくなり、私は危うく理性をなくしてそのまま襲いかかってしまいそうでしたが、何とか堪えて彼女に近づくと、しゃがんで彼女と目線を合わせて挨拶しました。

私の名前を告げてから、彼女に名前を尋ねました。考えてみれば、この数カ月、彼女の仕事ぶりを眺めつづけ、あまつさえ恥ずかしい行為まで見知っているというのに、彼女の名前すら知らなかったのです。

彼女は警戒はしていましたが、私が、とりあえず何か、たとえば暴行を加える意思がないということを悟ったようで、渋々ながら名前を教えてくれました。

ずっと、その生活をつぶさに覗きつづけた彼女の名前は、千穂子《ちほこ》といいました。

「千穂子さんは、こんな夜遅くまで、ここで何をしていたのかな？」

私は、彼女にさりげなく尋ねました。しかし、千穂子とのこれからのことを思って、ついその声に熱がこもり、自分でもしつこいなと思うくらい、ねちっこくなってしまいました。

千穂子は、明らかに警戒の色を強めて後ずさったのですが、私は気にせず、傍らにあった彼女の双眼鏡を手にしました。

双眼鏡を取り上げると、千穂子は、アッと短く声を上げましたが、その後は何も言わず、ただ俯いてしまいます。

私は、双眼鏡を珍しそうに持って、フンフン唸りながら彼女にさらに近づきました。

「どうして、こんなところに双眼鏡なんかがあるのかな？　千穂子さんは、いままで何をしていたのかな？」

「……あなたは何者なんですか？」

千穂子は、私のワザとらしい問いかけを無視して、気丈に言い返してきました。しかし、さらに私は無視し返して、千穂子の双眼鏡で私のオフィスを覗き見ました。オフィスでは、明菜が大きく脚を開いてオナニーを続けています。

「へぇ～、女性がオナニーしているのが見えるね。ひょっとして千穂子さんはこれを覗いていたのかな？」

私の言葉に、一時は奮い起こした勇気が萎《な》えてしまったのか、千穂子はガクリとうな垂れてしまいました。

観念したかのようにうな垂れている千穂子にさらに追い討ちをかけるため、私は彼女の耳元でそっと囁きました。

「実はキミが何をしていたか、なんてことは全てお見通しなんだよ。ここで、キミが残業するたびに隣の私のオフィスを覗き見て、オナニーしていたなんてことはね」

私のこの言葉に、千穂子はハッと頭を起こしました。彼女にとって、私は何者かはわからないが突然の闖入《ちんにゅう》者で、たまたま今日のことだけを見られたに過ぎないと思っていたのでしょう。

それがいままでずっと見られていたと言われ、かなりのショックだったのか、私を見る彼女の顔はかわいそうなくらい蒼白になっていました。

いままで覗き見ることしかできなかった彼女が、私の言動一つでどのようにでもできるという立場は、私の自尊心や征服欲を心地よく刺激してくれます。

私は、手繰り寄せただけでボタンを留めていないブラウスの襟元を大きく広げました。慌てて隠したため、ブラジャーは捲り上げられたままで全体的に華奢《きゃしゃ》な千穂子には似つかわしくないほど大きな乳房は窮屈そうに変形しています。

重そうな膨らみを下から抱え上げるようにして持ち上げ、先端を摘んで引っ張り上げてやると、千穂子は短く声を上げました。

何度も覗き見たオナニーで必ず千穂子がやっていた行為です。大きな胸は感度がよくないなどと言われますが、彼女の場合はかなりな性感帯のようです。私は、もう片方の乳首も同じようにして摘み上げたり、コロコロと転がしたり、しつこいくらい乳首ばかりに愛撫をしまくりました。

私のたび重なる愛撫ですっかり勃起した乳首を、今度は口に含んでチュウチュウと音を立てて吸ってやります。千穂子はのけぞりつつ、私の頭を押さえて乳首から引き剝がそうとしましたが、その力はとても弱く本気でいやがっているふうではありません。

私は、舌で乳首の先端と乳輪のツプツプした感触を存分に楽しんだあと、固く尖った乳首を甘噛みします。すると、それだけで軽くイッてしまったのかと思われるように、千穂子はビクビクと震えて力なく床に横たわってしまいました。

張りのある胸は横になっても潰れることがなく、私はその素晴らしさに感嘆しながら、さらに重たげに揺れる乳房全体にむしゃぶりつくように愛撫しました。

たっぷりと千穂子の巨乳を味わってから、いよいよ千穂子のアソコを味わうべく、私は制服のクリーム色のスカートをたくし上げました。私が突然入ってきたときに急いで履いてしまったため、中途半端にアソコを覆うパンティは、紐のように捩《よじ》れています。そのため、完全にアソコを覆い隠すことができず、処理されていないモジャモジャで真っ黒の陰毛が私の眼前に晒されています。

私はあえてパンティを脱がさず、さらにこよりのようにパンティを捩れさせて全くの一本縄のようにしました。ただでさえ隠し切れていなかったのに、私がさらに細く加工したため、陰毛どころか小陰唇のはみ出したアソコまでが丸見えになっているのです。

いままでなすがままだった千穂子でしたが、さすがに見知らぬ男に大事なところを見られるのはいやと見え、めくれ上がったスカートの裾を延ばしアソコを隠そうとしました。私はいち早くそれに気づき、彼女の手を押さえて阻止しました。

千穂子の手を押さえながら、紐状により上げたパンティを彼女の割れ目にあてがい上に引っ張り上げます。パンティがアソコに食い込み、千穂子が痛さに悲鳴を上げたのですが、私はそれを無視してさらにパンティの紐を上下に激しく揺らしてやりました。

最初は痛がっていた千穂子も、アソコに直接加えられる刺激とクリトリスへの摩擦で、たちまち歓喜の声を上げるようになっていました。

普段は清楚で仕事熱心な千穂子も一皮剝けば淫乱なメスに過ぎなかったのです。

私が、ズボンとブリーフを膝まで下ろして、すでにいきり立っていたペニスを倒れている千穂子に見せつけてやると、命令しなくても千穂子は体を起こして私のペニスにしゃぶりついてきました。

喉の奥のほうまで頬張って吸いついてくる様は、本当に「淫乱」と呼んでも申し分ない乱れようで、かたくななまでに同僚の誘いを断っていた彼女と同じ人物とは思えないほどです。

しかし、いまの私にはこの乱れた千穂子のほうが好都合なのです。

千穂子にお尻をこっちに向けるように命令し、シックスナインの形を取らせました。アソコから溢れる汁で汚れたパンティを剝ぎ取り、私は先ほどの刺激で充血しきったクリトリスを思いっきり吸い上げてやります。

「ひいいいっ！」

千穂子は強い刺激に泣き叫びましたが、それは痛いからではないようでした。むしろ、喜んでいるようで、私がやりすぎたかと思い躊躇していると、

「お願い、もっと」

と言って、アソコを押しつけてきたのです。

私は、千穂子にせがまれるまでもなく、クリトリスに舌を伸ばしつつ、ベトベトに濡れそぼっているアソコに中指を挿入してグニグニと蠢かしてやります。

本当はかなり男に飢えていたのか、千穂子は私の愛撫に声を上げながら、カリ首を舐め上げたり、袋を口に含んだりと熱心に奉仕してくれました。

あまりの熱心さに危うく射精しそうになってしまい、私は慌てて千穂子からペニスを離すと、そのまま四つんばいになっている彼女のバックから挿入しました。ズルズルになるくらい濡れそぼっていた千穂子のアソコは、底なし沼のようにペニスを呑み込み、あっという間に根元まで沈めてしまいました。

軽く揺するだけでペチャペチャと卑猥な音がするアソコを、私は激しく揺すり

上げてやります。

繋がったまま彼女の体をくの字に曲げてやり、私のペニスをがっちり咥えこんでいるアソコを見せつけてやると、千穂子は顔を背けながらも目だけは結合部に釘づけになっていました。

私は、体を入れ替えて彼女をくの字にさせたまま、激しくピストンしてやります。

本来なら苦痛を感じていやがるような体位ですが、千穂子はこのようなサディスティックなセックスのほうがより感じるということが、いままでの反応でおおよそわかります。

あまりの激しさに、私はほどなく射精感を感じ、彼女の顔面に放出してやりました。二度、三度と真っ白なザーメンをかけてやると、彼女はニッコリ笑ってそれを全部受け止めてくれました。

しかし、たった一度の放出では、この何カ月かの間、私が彼女に秘めていた想いを完全に満たすことはできません。

射精しても萎えることのないペニスを、ふたたび千穂子の熱く火照ったアソコに挿入してやります。千穂子もまだ満足しきっていなかったようで、喜んで迎え入れてくれました。

千穂子を後ろから抱えて窓際まで運んでやり、双眼鏡で私のオフィスを覗くように言ってやりました。千穂子は不思議そうな顔をしていましたが、無言で言われたとおりにしました。

千穂子が私のオフィスを見ているのを確認してから私は明菜に手を振ってやります。

私は、明菜も私に気づいたようで手を振り返してきました。

私は、携帯電話で明菜にこちらに来るように指示すると、ほどなく明菜はこちらにやってきました。

訪れた明菜に早速私は、私と千穂子の結合部を舐めるように命令しました。

私の命令に躊躇なく従う明菜にビックリしたのか、千穂子は振り向いて私の顔をうかがいました。

「彼女は明菜といってね、私のセックスフレンドなんだよ」

千穂子は、私の言葉を最初は理解できなかったようでしたが、すぐに私が何者なのかに気づいたようでした。

「あそこでセックスしていたのはあなただったのね！」

私は千穂子の言葉にうなずきながら、後ろから思いっきり突き上げてやります。

「千穂子は先輩の明菜に挨拶しなければいけないね」

明菜に服を脱ぐように命令してから、抱えていた千穂子を下ろして四つんばいにさせて、明菜に舌で奉仕するように指示しました。

もともと秘めていた素養もあったのでしょうが、すでにこのアブノーマルな雰囲気になじんでいた千穂子は、いやがることもなく舌を伸ばして、ピチャピチャと仔猫がミルクを飲むように明菜のアソコを舐め始めます。

結局、その日は明菜も交えての3Pを楽しむことになりましたが、千穂子は臆することもなく、私にも明菜にも奉仕をしてくれ、深夜まで飽きることなくセックスに興じることができました。

私は、帰る間際にずっと覗いていたことや明菜を使って誘惑していたことなど、それまでの顚末《てんまつ》を話してやりました。

私の話を聞いていた千穂子は聞き終えたあと、ちょっと怒ったような表情をしましたが、それもすぐ消えて、笑って私にキスしてくれました。

そんな千穂子がとても愛しく、彼女の望んでいた快楽を与えることができた私は、充足感でいっぱいになりました。

そんなことがあってから、次の月曜日に、いつもと同じように双眼鏡で千穂子の様子をうかがうと、そこにはいつもと変わらない勤勉な千穂子がいました。いつもと変わらない清楚で生真面目な……しかし、その仮面の裏には淫乱なメスの本性が潜んでいることを私だけが知っているのです。

これからも、私と明菜と千穂子の三人で楽しいセックスライフが送れそうです。

◎本書は、
『素人投稿6』
『素人投稿7』
『素人投稿8』
『素人投稿11』
（以上マドンナメイト文庫）に収録された作品からセレクトし、再編集したものです。

＊いずれも、本文庫収録にあたり、表現その他に修正を施しました。

二見文庫

若妻《わかづま》のないしょ告白集《こくはくしゅう》

編者　素人投稿編集部《しろうととうこうへんしゅうぶ》

発行所　株式会社 二見書房
東京都千代田区三崎町2-18-11
電話 03(3515)2311［営業］
03(3515)2313［編集］
振替 00170-4-2639

印刷　株式会社 堀内印刷所
製本　株式会社 村上製本所

落丁・乱丁本はお取り替えいたします。
定価は、カバーに表示してあります。
Printed in Japan.
ISBN978-4-576-13129-0
http://www.futami.co.jp/

二見文庫の既刊本

秘密のはじらい告白

素人投稿編集部

社内で女性に人気のエリート社員が痴漢するのを目撃し利用するＯＬ、宿泊客の女性に手をつける夫への対抗心から泊まっていた高校生を誘惑するペンション経営女性、子供の頃からの憧れの叔母とついに関係を持てた会社員、お見合い相手の男が昔のバイト先＝ＳＭクラブの客だったことに気づき「Ｓ攻撃」をしかける元女王……ふとしたことがきっかけで、欲情の罠にのめり込んでしまった禁断の告白集！

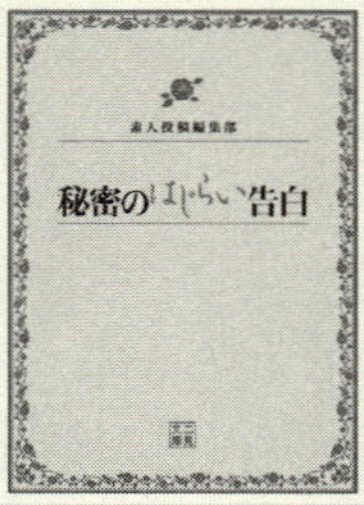